如何构建新发展格局

中央党校教授与你谈

中央党校（国家行政学院）经济学部　著

人民出版社

目　录

第一章　构建双循环新发展格局的战略抉择

加快构建以国内大循环为主体、国内国际双循环相互促进的新发展格局，是新发展阶段我国实现高质量发展，重塑国际合作和竞争新优势的战略抉择，是习近平新时代中国特色社会主义经济思想和中国特色社会主义政治经济学的最新发展，是新发展阶段开启全面建设社会主义现代化国家新征程，实现第二个百年奋斗目标的战略安排。它与建设现代化经济体系同根同魂、互为表里、内在统一。

一、加快构建新发展格局，是实现 2035 年远景目标的战略抉择

党的十九届五中全会通过的《中共中央关于制定国民经济和社会发展第十四个五年规划和二〇三五年远景目标的建议》明确强调，"坚定不移贯彻创新、协调、绿色、开放、共享的新发展理念，坚持稳中求进工作总基调，以推动高质量发展为主题，以深化供给侧结构性改革为主线，以改革创新为根本动力，以满足人民日益增长的美好生活需要为根本目的，统筹发展和安全，加快建设现代化经

济体系，加快构建以国内大循环为主体、国内国际双循环相互促进的新发展格局"。

首先，加快构建以国内大循环为主体、国内国际双循环相互促进的新发展格局，是习近平新时代中国特色社会主义经济思想和中国特色社会主义政治经济学的最新发展。它充分反映了我们党对当代中国社会生产力与生产关系、经济基础与上层建筑矛盾运动规律的深刻认识，是我们党又一次把马克思主义政治经济学基本原理同中国实际有机结合的理论自觉。

众所周知，马克思主义政治经济学虽然是研究"资本主义生产方式以及和它相适应的生产关系和交换关系"的，但却是通过深入研究商品交换、资本循环周转、社会再生产实现问题和资本主义生产的总过程是否"畅通"，进而揭示资本主义基本矛盾、资本主义经济危机本质以及资本主义必然灭亡的历史规律的。在马克思看来，"私人劳动"能否变成"社会劳动"、社会再生产能否通过生产、分配、流通、消费四环节使社会总产品顺利实现价值和实物补偿，即资本主义经济能否"循环畅通"决定着资本主义命运。也正是由于资本主义基本矛盾导致资本主义经济"循环不畅"，造成一边是"财富的积累"，一边是"贫困的积累"，才导致资本主义生产相对过剩的经济危机不断爆发的。

习近平新时代中国特色社会主义经济思想，传承了马克思主义政治经济学研究"经济循环"的传统和方法，也是通过研究供给侧与需求侧的矛盾运动和国民经济循环畅通与否，来深刻揭示中国特色社会主义经济高质量发展规律的。习近平总书记提出的供给侧结构性改革理论，虽最初没有提及供给侧结构性改革的要义，就是为了解决"国民经济循环畅通"问题的。但其本质是通过破除"总供给＝总需求"的国民经济循环"梗阻"，以实现需求牵引供给、供给创造需求的高水平动态平衡的。在习近平总书记看来："从国内看，经济发展面临'四降一升'，即经济增速下降、工业品价格下降、实体企业盈利下降、财政收入下降、经济风险发生概率上升。这些问题的主要矛盾不是周期性的，而是结构性的，供给结构错配问题严重。需求管理边际效益不断递减，单纯依靠刺激内需难以解决产能过剩等结构性矛盾，因此，必须把改善供给结构作为主攻方向，实现由低水平供需平衡向高水平供需平衡跃升。""事实证明，我国不是需求不足，或没有需求，而是需求变了，供给的产品却没有变，质量、服务跟不上。有效供给能力不足带来大量'需求外溢'，消费能力严重外流。解决这些结构性问题，必须推进供给侧改革。"因此，"要从生产端入手，重点是促进产能过剩有效化解，促进产业优化重组，降低企业成本，发展战略性新兴产业和现代服务业，增加公共产品和服务供给，提高供给结构对需求结构变化的适应性和灵活性。"同时，深化供给侧结构性改革，还必须"充分发挥我国超大规模市场优势和内需潜力，构建国内国际双循环相互促进的新发展格局"。唯有如此，总供给与总需求在总量和结构上、时间和空间上才能保持协调和平衡，国民经济循环畅通的高质量发展也才能得以实现。正像习近平总书记指出："从宏观经济循环看，高质量发展应该实现生产、流通、分配、消费循环通畅，国民经济重大比例关系和空间布局比较合理，经济发展比较平稳，不出现大的起落。"因此，供给侧结构性改革的根本要义，就是"要畅通国民经济循环，加快建设统一开放、竞争有序的现代市场体系，提高金融体系服务实体经济能力，形成国内市场和生产主体、经济增长和就业扩大、金融和实体经济良性循环。"

其次，从改革开放以来的中国特色社会主义经济发展史来看，加快构建以国内大循环为主体、国内国际双循环相互促进的新发展格局，既是相对于 20 世纪 80 年代提出的"大进大出、两头在外"的国际大循环战略，顺应我国经济发展过程的阶段性变化而作出的"内生选择"，又是我们应对新冠肺炎疫情"常态化"、保护主义上升、世界经济低迷和全球市场萎缩，重塑国际合作和竞争新优势的"战略抉择"。

所谓"内生选择"，是指虽然我国在改革开放初期采取了"大进大出、两头在外"的"国际大循环"战略，但自 1997 年亚洲金融危机起，我们就注意"扩大内需"和"国内大循环"，并以此作为应对外部冲击的"战略方针"。因此，构建以国内大循环为主体、国内国际双循环相互促进的新发展格局，是中国经济发展到今天这个新发展阶段自然衍生出来的"必然选择"。

改革开放初期，我国生产力落后决定了供给不足；人民收入水平低决定了需求有限，由此导致国民经济"低水平循环"。"国际大循环理论"的提出，使我们抓住了发达经济体产业转移的机遇，发挥了我们自己劳动力要素禀赋优势，选择"资源"和"市场"两头在外，大力引进国外资金和技术，弥补了外汇和资金"双缺口"，从而迅速摆脱"低水平循环"并逐步以要素优势融入国际分工体系，使中国成为跨国公司全球生产体系的重要节点，成为"世界工厂"。尤其是 2001 年 11 月 10 日正式加入 WTO 以后，"大进大出、两头在外"的"国际大循环"对我国经济增长的"拉动效应"更是发挥到了极致。如中国外贸依存度 2002 年突破 50%，2005 年已经高达

63%，2006 年更是达到 67% 的高点，此后受我国经济转型、内外需结构调整以及国际金融危机的影响，从 2007 年开始对外贸易依存度逐步回落，2008 年为 60.2%，到 2011 年降至 50.1%。因此，这种"国际大循环"战略衍生出的"世界工厂"的发展模式，让我们充分利用了经济全球化快速发展带来的发达国家产业转移的机遇和我们自己"人口红利"等禀赋优势，从而实现了经济的高速增长并奠定了中国成为世界第二大经济体的基础。对此，习近平总书记指出："改革开放特别是加入世贸组织后，我国加入国际大循环，形成了市场和资源（如矿产资源）'两头在外'、形成'世界工厂'的发展模式，对我国抓住经济全球化机遇、快速提升经济实力、改善人民生活发挥了重要作用。"

在"大进大出、两头在外"的"国际大循环"战略实施过程中，我们也敏锐察觉了其存在的问题和风险。1997 年 12 月 24 日，鉴于 1997 年亚洲金融危机对我国经济的不利影响，江泽民在会见全国外资工作会议代表时就指出："我国有十二亿多人口的广阔市场，回旋余地很大。我们要注意开发农村市场。要把吸引外资、开展对外贸易和调整经济结构同广大农村市场的需求很好地结合起来。这对扩大我们的回旋空间是很重要的。"因此，1998 年 2 月，在中共中央、国务院出台《关于转发〈国家计划委员会关于应对东南亚金融危机，保持国民经济持续快速健康发展的意见〉的通知》，文件中首次提出了以"立足扩大国内需求，加强基础设施建设"来应对亚洲金融危机对我们经济的冲击。同年 12 月 18 日，江泽民在纪念党的十一届三中全会召开 20 周年大会上讲话时更明确地强调，"必须始终把独立自主、自力更生作为自己发展的根本基点，必须把立足国内、扩大国内需求作为经济发展的长期战略方针"。从那以后，"扩大内需"战略就一直是我们编制"十一五""十二五"乃至"十三五"规划要强调的政策重点。

随着世界经济和中国经济进入新常态，世界经济低迷和外需"挤压"共同抑制了中国出口增长，加之这次新中国成立以来我国遭遇的传播速度最快、感染范围最广、防控难度最大的新冠肺炎疫情冲击和不得不防的中美"脱钩"风险，以习近平同志为核心的党中央在总结我国实施扩大内需战略经验的基础上果断提出加快构建以国内大循环为主体、国内国际双循环相互促进的新发展格局的战略抉择。习近平总书记指出："在当前保护主义上升、世界经济低迷、全球市场萎缩的外部环境下，我们必须集中力量办好自己的事，充分发挥国内超大规模市场优势，逐步形成以国内大循环为主体、国内国际双循环相互促进的新发展格局。""以国内大循环为主体，绝不是关起门来封闭运行，而是通过发挥内需潜力，使国内市场和国际市场更好联通，更好利用国际国内两个市场、两种资源，实现更加强劲可持续的发展"。

讲"战略抉择"，是指当今中国已稳居世界第二大经济体的位置，党中央此时提出"加快构建以国内大循环为主体、国内国际双循环相互促进的新发展格局"，突出强调"扩大内需"虽也是"应急"所需，但更强调"主动作为"，旨在重塑国际合作和竞争新优势。这是因为自 2008 年国际金融危机以来，我国经济已经在向以国内大循环为主体转变，经常项目顺差同国内生产总值的比率由 2007年的 9.9%降至现在的不到 1%，国内需求对经济增长的贡献率有 7个年份超过 100%。习近平总书记指出："大国经济的优势就是内部可循环。""国内循环越顺畅，越能形成对全球资源要素的引力场，越有利于构建以国内大循环为主体、国内国际双循环相互促进的新发展格局，越有利于形成参与国际竞争和合作新优势。"

二、构建新发展格局与建设现代化经济体系
　　互为表里、内在统一

党的十九届五中全会公报指出，坚定不移贯彻创新、协调、绿色、开放、共享的新发展理念，坚持稳中求进工作总基调，以推动高质量发展为主题，以深化供给侧结构性改革为主线，以改革创新为根本动力，以满足人民日益增长的美好生活需要为根本目的，统筹发展和安全，加快建设现代化经济体系，加快构建以国内大循环为主体、国内国际双循环相互促进的新发展格局，是"十四五"时期经济社会发展的指导方针和主要目标。它与党的十九大提出的"建设现代化经济体系"的重大战略安排是一致的，不是"另起炉灶"，二者各有侧重、互为表里、内在统一。

（一）新发展格局与现代化经济体系"同根同魂"

构建新发展格局和建设现代化经济体系，作为习近平新时代中国特色社会主义经济思想的两个重要论断和开启全面建设社会主义现代化国家新征程的两大重要战略安排，可谓"同根同魂"。

首先，它们都源于"全党要统筹中华民族伟大复兴战略全局和

世界百年未有之大变局"的现实需要和由"新常态""新时代"和"新阶段"统一构成的"时代大逻辑"。为了统筹好"两个大局",顺应"时代大逻辑",我们不仅要自觉顺应和遵循"增长速度要从高速转向中高速,发展方式要从规模速度型转向质量效率型,经济结构调整要从增量扩能为主转向调整存量、做优增量并举,发展动力要从主要依靠资源和低成本劳动力等要素投入转向创新驱动"的经济发展大趋势,而且要加快建设现代化经济体系,努力形成以国内大循环为主体、国内国际双循环相互促进的发展格局,实现质量变革、效率变革、动力变革,从而夯实赢得国际竞争主动,确保国家经济安全的物质基础。正如习近平总书记所说:"国家强,经济体系必须强。只有形成现代化经济体系,才能更好顺应现代化发展潮流和赢得国际竞争主动,也才能为其他领域现代化提供有力支撑。"

其次,它们都以"新发展理念"为"思想灵魂"和"指挥棒"。发展理念是发展行动的先导,是管全局、管根本、管方向、管长远的东西,是发展思路、发展方向、发展着力点的集中体现。建设现代化经济体系和构建新发展格局,作为全面建设社会主义现代化国家的两大关键布局和着力点,都必须充分体现创新、协调、绿色、开放、共享这五大新发展理念的要求并内化到现代化经济体系和新发展格局的建设和构建过程中,从而实现好"创新成为第一动力、协调成为内生特点、绿色成为普遍形态、开放成为必由之路、共享成为根本目的"的发展。

最后,它们都是服务于实现高质量发展和满足人民美好生活需要的战略抉择。习近平总书记指出,"高质量发展就是能够很好满足人民日益增长的美好生活需要的发展"。从供给看,高质量发展应该实现产业体系比较完整，生产组织方式网络化智能化，创新力、需求捕捉力、品牌影响力、核心竞争力强，产品和服务质量高。从需求看，高质量发展应该不断满足人民群众个性化、多样化不断升级的需求，这种需求又引领供给体系和结构的变化，供给变革又不断催生新的需求。从投入产出看，高质量发展应该不断提高劳动效率、资本效率、土地效率、资源效率、环境效率，不断提升科技进步贡献率，不断提高全要素生产率。从分配看，高质量发展应该实现投资有回报、企业有利润、员工有收入、政府有税收，并且充分反映各自按市场评价的贡献。从宏观经济循环看，高质量发展应该实现生产、流通、分配、消费循环畅通，国民经济重大比例关系和空间布局比较合理，经济发展比较平稳，不出现大起大落。实现这样的高质量发展，除了建设现代化经济体系和构建新发展格局，别无他途。

（二）新发展格局与现代化经济体系"互为表里"

一方面，新发展格局着眼于"宏观布局"，旨在追求"国民经济循环畅通"的本质要求。所以它更加强调，"扭住扩大内需这个战略基点，使生产、分配、流通、消费更多依托国内市场"和"要牢牢坚持供给侧结构性改革这个战略方向，疏通国内经济大循环的堵点"，进而更多关注的是实现总供给与总需求之间数量和结构、时间和空间上的"相互适配"，进而实现"需求牵引供给、供给创造需求"的更高水平动态平衡。但它既没有明确回答这个"宏观布局"的"具体内容"，也没有明确回答通过哪些具体路径来实现"国民经济循环畅通"和"总供给和总需求高水平动态平衡"的问题。党的十九大提出要建设的"现代化经济体系"，即建设"创新引领、协同发展"的产业体系，实现实体经济、科技创新、现代金融、人力资源协同发展，使科技创新在实体经济发展中的贡献份额不断提高，现代金融服务实体经济的能力不断增强，人力资源支撑实体经济发展的作用不断优化；建设"统一开放、竞争有序"的市场体系，实现市场准入畅通、市场开放有序、市场竞争充分、市场秩序规范，加快形成企业自主经营公平竞争、消费者自由选择自主消费、商品和要素自由流动平等交换的现代市场体系；建设"体现效率、促进公平"的收入分配体系，实现收入分配合理、社会公平正义、全体人民共同富裕，推进基本公共服务均等化，逐步缩小收入分配差距。建设"彰显优势、协调联动"的城乡区域发展体系，实现区域良性互动、城乡融合发展、陆海统筹整体优化，培育和发挥区域比较优势，加强区域优势互补，塑造区域协调发展新格局；建设"资源节约、环境友好"的绿色发展体系，实现绿色循环低碳发展、人与自然和谐共生，牢固树立和践行绿水青山就是金山银山理念，形成人与自然和谐发展现代化建设新格局；建设"多元平衡、安全高效"的全面开放体系，发展更高层次开放型经济，推动开放朝着优化结构、拓展深度、提高效益方向转变；建设"充分发挥市场作用、更好发挥政府作用"的经济体制，实现市场机制有效、微观主体有活力、宏观调控有度，则成为"填充"新发展格局的"宏观布局"中"具体内容"和实现"国民经济循环畅通"和"总供给和总需求高水平动态平衡"的具体路径。在这里，如果说新发展格局是"表"，现代化经济体系就是"里"。

另一方面，建设现代化经济体系，无疑需要从产业体系、市场体系、收入分配体系、区域发展体系、绿色发展体系、全面开放体系和经济体制等具体路径分别去建设和改革，但这六个体系和一个体制之间如何"贯通和协同"，或者说衡量这个现代化经济体系好与不好的主要标准是什么，现代化经济体系自身不能回答。而旨在实现"国民经济循环畅通"和"总供给和总需求高水平动态平衡"的新发展格局的形成，恰恰回答了现代化经济体系自身不能回答的这个问题。在这里，现代化经济体系是"表"，新发展格局是"里"。只有实现实体经济、科技创新、现代金融、人力资源协同发展，不断提高科技进步对经济增长的贡献率；实现企业自主经营公平竞争、消费者自由选择自主消费、商品和要素自由流动平等交换；实现全体人民共同富裕、基本公共服务均等化和逐步缩小收入分配差距；实现区域良性互动、城乡融合发展、陆海统筹整体优化，培育和发挥区域比较优势，加强区域优势互补；实现绿色循环低碳发展、人与自然和谐共生；推动开放朝着优化结构、拓展深度、提高效益方向转变；切实做到市场机制有效、微观主体有活力、宏观调控有度，进而实现"国民经济循环畅通"和"总供给与总需求的高水平动态平衡"，现代化经济体系才算真正建立起来。

三、构建新发展格局的主要路径和战略举措

加快构建以国内大循环为主体、国内国际双循环相互促进的新发展格局，党的十九届五中全会给出了三个主要路径和战略举措，即"紧紧扭住扩大内需这个战略基点""坚持以深化供给侧结构性

改革为战略方向"和"用好改革开放这个关键一招"。

首先，紧紧扭住扩大内需这个战略基点，畅通国内大循环。要扩大内需，既要继续坚持以经济建设为中心，通过建设"创新引领、协同发展"的产业体系，加快培育新动能和新增长点，持续推动经济增长来"做大蛋糕"，从而使人均国民生产总值达到中等发达国家水平，不断增强居民消费和投资能力。又需要通过建设"体现效率、促进公平"的收入分配体系，切实调整收入分配关系来"分好蛋糕"，不断扩大中等收入人群，提高低收入人群收入水平，最大限度地激发消费需求。要畅通国内大循环，必须加快建设"统一开放、竞争有序"的现代市场体系和"彰显优势、协调联动"的城乡区域发展体系，贯通生产、分配、流通、消费各环节，打破行业垄断和地方保护，形成国内市场和生产主体、经济增长和就业扩大、金融和实体经济良性循环。

其次，牢牢坚持供给侧结构性改革这个战略方向，把深化供给侧结构性改革同实施扩大内需战略有机结合起来，以创新驱动、高质量供给引领和创造新需求。一要坚持把发展经济着力点放在实体经济上。习近平总书记指出："实体经济是基础，各种制造业不能丢，作为14亿人口的大国，粮食和实体产业要以自己为主，这一条绝对不能丢。"因此，坚定不移建设制造强国、质量强国、网络强国、数字中国，推进产业基础高级化、产业链供应链现代化，提高经济质量效益和核心竞争力，从而进一步增强有效供给力和需求的捕捉力。尤其要汲取发达国家"去工业化"的深刻教训，保持制造业比重基本稳定，巩固壮大实体经济根基。二要坚持创新驱动发展，发挥"举国体制"优势，攻克"卡脖子"技术，打通技术"堵点"。

习近平总书记指出："推动国内大循环，必须坚持供给侧结构性改革这一主线，提高供给体系质量和水平，以新供给创造新需求，科技创新是关键。畅通国内国际双循环，也需要科技实力，保障产业链供应链安全稳定。"三要努力重塑新的产业链，全面加大科技创新和进口替代力度，这是深化供给侧结构性改革的重点，也是实现高质量发展的关键。对此，习近平总书记强调："产业链、供应链在关键时刻不能掉链子，这是大国经济必须具备的重要特征。"一是要拉长长板，巩固提升优势产业的国际领先地位，锻造一些"杀手锏"技术，持续增强高铁、电力装备、新能源、通信设备等领域的全产业链优势，提升产业质量，拉紧国际产业链对我国的依存关系，形成对外方人为断供的强有力反制和威慑能力。二是要补齐短板，就是要在关系国家安全的领域和节点构建自主可控、安全可靠的国内生产供应体系，在关键时刻可以做到自我循环，确保在极端情况下经济正常运转。四要推动金融、房地产同实体经济均衡发展，实现上下游、产供销有效衔接，促进农业、制造业、服务业、能源资源等产业门类关系协调。

最后，坚持用好"改革开放"这个关键一招，促进国内国际双循环。习近平总书记指出，新发展格局"是事关全局的系统性深层次变革。要继续用足用好改革这个关键一招"，"围绕坚持和完善中国特色社会主义制度、推进国家治理体系和治理能力现代化，推动更深层次改革，实行更高水平开放，为构建新发展格局提供强大动力"。因此，"要加快推进有利于提高资源配置效率的改革，有利于提高发展质量和效益的改革，有利于调动各方面积极性的改革，聚焦重点问题，加强改革举措的系统集成、协同高效，打通淤点堵点，激发整体效应。"一是坚持和完善社会主义基本经济制度。要毫不动摇巩固和发展公有制经济，毫不动摇鼓励、支持、引导非公有制经济发展，保证各种所有制经济依法平等使用生产要素、公平参与市场竞争、同等受到法律保护；要建设高水平社会主义市场经济体制，充分发挥市场在资源配置中的决定性作用，更好发挥政府作用，努力实现"有效市场"和"有为政府"的"琴瑟和鸣"；要妥善处理好按劳分配和按生产要素贡献分配的关系，推进土地、劳动力、资本、技术、数据等要素市场化改革，破除妨碍生产要素市场化配置和商品服务流通的体制机制障碍，降低全社会交易成本，为国内大循环和国内国际双循环"畅通"提供有力的制度支撑。二是立足国内大循环，发挥比较优势，协同推进强大国内市场和贸易强国建设，以国内大循环吸引全球资源要素，充分利用国内国际两个市场两种资源，积极促进内需和外需、进口和出口、引进外资和对外投资协调发展，促进国际收支基本平衡。三是完善内外贸一体化调控体系，促进内外贸法律法规、监管体制、经营资质、质量标准、检验检疫、认证认可等相衔接，推进同线同标同质。四是坚定不移全面扩大开放，释放中国开放潜能，带动世界经济复苏和增长。习近平总书记指出："坚定不移全面扩大开放，将更有效率地实现内外市场联通、要素资源共享，让中国市场成为世界的市场、共享的市场、大家的市场，为国际社会注入更多正能量。"

第二章 构建双循环新发展格局的逻辑内涵

加快构建以国内大循环为主体、国内国际双循环相互促进的新发展格局，是以习近平同志为核心的党中央着眼于国内国际政治经济环境出现的重大变化，根据我国经济已转向高质量发展阶段内在要求，坚持系统观念，统筹国内国际两个大局，办好发展安全两件大事，作出的重大战略抉择。我们要充分认识构建新发展格局的时代背景，深刻领会构建新发展格局的重大意义，把握构建新发展格局的着力点，更好厘清构建双循环新发展格局这一重大战略抉择的逻辑内涵。不断提高把握新发展阶段、贯彻新发展理念、构建新发展格局的政治能力、战略眼光、专业水平，敢于担当、善于作为，把党中央决策部署贯彻落实好。

一、准确识变：充分认识构建新发展格局的历史方位

科学判断所处历史方位，并据此制定方针政策，是中国共产党长期奋斗积累的宝贵经验。全面准确认识当前和今后一个时期我国发展的时代背景、客观条件特别是所面临的机遇和挑战，是谋划和

推进我国发展的前提。站在实现"两个一百年"奋斗目标的历史交汇点上，必须立足中华民族伟大复兴战略全局和世界百年未有之大变局，心怀"国之大者"，不断提高政治判断力、政治领悟力、政治执行力。"两个大局"，是关于国内国际发展大势的战略判断，也是对新时代中国与世界关系的精辟论述。今日之中国，不仅是中国之中国，也是世界之中国。世界百年未有之大变局为实现中华民族伟大复兴创造了重要的外部条件，为中国全面参与经济全球化并提升在世界的影响力提供了重要的历史机遇。中华民族伟大复兴是世界百年未有之大变局的重要推动力量，为世界经济发展、国际格局演变乃至国际秩序的变革和完善提供了重要动能。党中央深入分析了我国发展环境面临的深刻复杂变化，认为和平与发展仍然是时代主题，人类命运共同体理念深入人心，我国发展仍然处于重要战略机遇期，但机遇和挑战都有新的发展变化。我们需要全面认识国内外发展大势，增强机遇意识和风险意识，努力在危机中育先机，于变局中开新局，以更大信心奋力开启新征程迈出新步伐。

（一）当今世界面临百年未有之大变局

当今世界经济增长乏力、经济复苏迟缓，供应链产业链循环受阻，国际格局发生深刻调整，大国博弈形势错综复杂，经济全球化遭遇逆流，多边主义受到冲击，全球治理体系亟待重塑，非传统安全问题影响增大，世界不稳定性进一步增强，一系列重大矛盾和重大冲突日趋显化，世界进入动荡变革期。

一是从生产力角度来看，新技术革命为世界经济带来深刻变化。伴随着云计算、大数据、物联网、人工智能等技术成长成熟，由新一代信息技术等引领的新一轮技术革命，正在对旧的经济模式进行颠覆和重塑，为世界经济和产业发展带来深刻变化。信息网络技术与制造业深度融合，先进传感技术、数字化设计、制造机器人与智能控制系统等日趋广泛应用，制造业产品、生产流程管理、研发设计、企业管理乃至用户关系等出现智能化趋势，正在重新定义制造业部门成为塑造制造业竞争力的关键因素。随着信息技术的突破性发展和信息基础设施的不断完善，信息数据逐步成为产业发展的核心生产要素。新技术革命的深入发展也加深了世界各国的经济联系，推动了全球范围分工协作，这既为经济发展带来重大发展机遇，也导致一些国家出现产业空心化、贫富差距加大等问题。

二是从生产关系角度来看，国家之间的力量对比发生重大变化。随着经济实力的变化，在当今新兴经济体群体性崛起、国际格局多极化加速发展的趋势下将面临更多的挑战。自近代以来，世界权力首次开始向非西方世界转移扩散，一大批新兴经济体和发展中国家群体性崛起，世界经济中心向亚太转移。百年来西方国家主导国际政治的情况正在发生根本性改变，国家利益至上取代意识形态的趋势上升。随着新兴经济体快速崛起，发展中国家在全球经济中地位愈发重要，对于全球治理体系重塑和世界范围内经济、政治等方面话语权的诉求也愈加强烈，国际力量对比发生了深刻变化。

三是从国际关系角度来看，大国博弈出现转折性变化。近年来，大国关系发生深刻调整，全球新冠肺炎疫情的暴发更是给大国关系带来新的变化。2020年的中美关系经历建交40多年来最严峻局面，中美经贸摩擦并不是偶然发生，也不会是短期现象，只要中国持续开放发展，综合实力继续提升，与美国的竞争与摩擦是不可避免的。从历史上看，GDP 超过美国 60% 是一条红线，苏联和日本 GDP 超过美国 60% 后，美国都加大了遏制力度。2019 年，中国 GDP 接近美国的 67%，工业总产值已经超过美国。美国对中国遏制逐渐升级，最直接的原因就是中国经济总量同美国日趋接近。同时，2008 年以来，以美国为代表的西方国家受国际金融危机影响，经济减速、政治动荡、社会撕裂更趋明显，民族宗教问题频发，自己的问题难以解决，选择向外转移矛盾。由此，中国面临来自美国的政治、经济、舆论以至于军事等多方面的压力。

（二）中华民族伟大复兴的战略全局

实现中华民族的伟大复兴是近代以来全体中华儿女的梦想，这个伟大梦想、战略全局，是在世界百年未有之大变局的大环境下形成和展开的。中华民族伟大复兴的历史进程也是塑造世界百年未有之大变局的重要力量。党的十八大以来，中国特色社会主义进入新时代，以习近平同志为核心的党中央统揽国内国际两个大局，统筹推进"五位一体"总体布局，协调推进"四个全面"战略布局，领导人民积极投身伟大斗争、伟大工程、伟大事业、伟大梦想的伟大实践，为中华民族伟大复兴战略全局丰富了内涵，拓展了路径。

全面建成小康社会为第二个百年奋斗目标实现奠定基础。改革开放以来，我国从温饱不足转向全面小康，从积贫积弱走向繁荣富强，经济社会发生了翻天覆地的变化。特别是党的十八大以来，以习近平同志为核心的党中央团结带领全国各族人民取得历史性变革。统筹推进"五位一体"总体布局,协调推进"四个全面"战略布局,提出创新、协调、绿色、开放、共享的新发展理念,加快完善使市场在资源配置中起决定性作用和更好发挥政府作用的体制机制,推出"一带一路"建设、京津冀协同发展、长江经济带发展、创新驱动发展等重大战略,加快推进经济结构调整和新旧动能转换,大力推进精准扶贫、精准脱贫,全面建成小康社会。2020 年国内生产总值突破 100 万亿元大关,人均 GDP 此前已突破 1 万美元,高于中等收入国家平均水平。产业结构持续优化升级,科技实力显著增强,航空航天、量子计算机等重大成果不断涌现,人民生活持续改善,我国经济实力、科技实力、综合国力跃上新的大台阶。这些伟大成就为第二个百年奋斗目标的实现奠定了坚实的物质基础。

进入新发展阶段我国经济社会发展面临诸多挑战。党的十九大报告指出:"中国特色社会主义进入新时代,我国社会主要矛盾已经转化为人民日益增长的美好生活需要和不平衡不充分的发展之间的矛盾。"社会主要矛盾是一个社会生产力发展水平和社会发展阶段的客观反映。我们党根据历史条件和实际情况的变化,对我国社会主要矛盾这一重大问题作出了从"人民日益增长的物质文化需要"转变为"人民日益增长的美好生活需要",从"落后的社会生产"转变为"不平衡不充分的发展"的重大判断。人民对美好生活的需要日益广泛,单纯的"物质文化"已不能满足人民群众多样化的需求。

随着我国经济发展进入新常态,人口红利减弱、传统增长动能下降导致潜在增长率降低,经济增长速度相应呈下行趋势。如何推动经济高质量发展,满足人民日益增长的美好生活需要,仍然存在诸多需要解决的突出问题。受新冠肺炎疫情的严重冲击,投资增长乏力，一些行业产能过剩严重，部分企业生产经营困难，高校毕业生、农民工等就业压力增大，全国很多地区和行业发展走势分化，财政收支矛盾突出、财政压力增大，金融等领域存在风险隐患。

进入新发展阶段我国仍处于重要战略机遇期。在全球化深入发展的今天，中国与世界的相互关联日益增长、相互影响不断加深。中国的发展是世界的机遇，世界的发展也是中国的机遇，中国与世界各国在发展和利益上的共享性显著增强。世界百年未有之大变局在本质上是国际秩序的大发展大变革大调整，其间自然充满着矛盾、分歧和斗争，给世界带来诸多不确定性不稳定性因素，也带来重大机遇。一方面新一轮科技革命正在塑造着全球经济结构和政治格局。我国在 5G 技术、物联网、大数据、人工智能和制造业深度融合等领域，有较好的基础和增长潜力，发展前景广阔。另一方面"逆全球化"也为中国提供了全球化"引领者"和"塑造者"的重大历史机遇。因此，我们要以辩证思维看待新发展阶段的新挑战和新机遇，准确认识和把握国内外大势，统筹中华民族伟大复兴战略全局和世界百年未有之大变局"两个大局"，落实好党中央在"十四五"和更长时期的各项战略部署，努力保持经济长期稳定发展。

二、科学应变：深刻领会构建新发展格局的重大意义

习近平总书记在省部级主要领导干部学习贯彻党的十九届五中全会精神专题研讨班开班式上发表重要讲话，明确指出：只有把国内大循环畅通起来，才能任由国际风云变幻，始终充满朝气生存和

发展下去。要在各种可以预见和难以预见的狂风暴雨、惊涛骇浪中，增强我们的生存力、竞争力、发展力、持续力。因此，必须充分认识构建新发展格局的重大意义。

（一）构建新发展格局是推动经济行稳致远的必然选择

改革开放初期，为解决资金、技术、市场等问题，我国采取"三来一补、两头在外"的发展模式，通过引进外资、扩大出口，开始逐步融入世界经济循环体系。加入世界贸易组织（WTO）以来，我国进一步融入国际分工，形成了以对外出口为主体的外需拉动型经济发展模式，通过吸引和利用外资，提升我国生产能力、技术能力和管理水平。在经济社会发展和实现工业化、城镇化发展的过程中，我国逐步形成了一种以"国际大循环"为主的外向型经济发展战略，这一发展战略的特点是"两头在外、大进大出、出口与投资双驱动"，这对于我国融入世界经济、参与全球化经济发展曾经起到了积极的推动作用。在这种国际大循环中所释放的外部需求，有效拉动了我国的经济增长，也极大地推进了我国经济的快速发展。但是从 2008 年国际金融危机以后，世界经济持续低迷，增速大幅放缓，外需对我国经济拉动作用减弱。根据《中国商务统计年鉴》数据，我国外贸依存度从 2006 年的 64.5% 下降到 2019 年的 35.7%，经济增长越来越多依靠国内消费和投资。

随着我国经济整体实力不断增强，人民生活水平不断提升，内需潜力也在不断释放，由消费需求和投资需求构成的广义内需对国内生产总值（GDP）增长的贡献率不断提升，其中最终消费对国内生产总值（GDP）增长的贡献率已经从 2010 年的 37.3％上升到 2019 年的 57.8％，我国经济增长以国内需求为主导已成为客观事实。从世界主要经济体的发展历史来看，超大规模的经济体都是依靠内需拉动经济增长，而较小规模的经济体才会因国内市场规模制约保持较高的外贸依存度，例如新加坡、韩国等国家。我国作为世界上唯一一个具有完整工业生产门类的制造大国和拥有超大规模国内市场的国家，可以在本国范围内通过各个产业部门的协同来拓展需求，升级产业链布局，这为畅通国内循环来构建新发展格局提供了有利条件。此外，我国经济经过改革开放 40 多年的快速发展，具有 14 亿人口的庞大市场和 4 亿多中等收入群体，居民收入水平不断提升，消费能力日益增强，消费趋势愈加个性多元，增长潜力也日益凸显，这是我们经济行稳致远的基本保障。因此，必须以国内、国际市场连接互动的战略眼光，发挥我国综合优势条件，坚持发挥内需潜力，推动我国经济高质量发展。

（二）构建新发展格局是破解矛盾的重要途径

改革开放以来，我国通过引进国外的资本、技术、管理经验等，利用具有比较优势的土地、劳动等生产要素，通过要素驱动、规模扩张、引进技术、开放模仿等方式来实施赶超战略。经过多年的发展，我国已经形成拥有 41 个工业大类、207 个工业中类、666 个工业小类的独立完整现代工业体系，是全世界唯一拥有联合国产业分类当中全部工业门类的国家，具备了强大的生产制造能力。在这个历史过程中我国取得了巨大发展成就，也积累了诸多矛盾问题。随着我国经济体量发展到了今天这样的巨大规模，单纯依靠土地资源、劳动力资源等要素的规模投入来驱动发展，已经难以为继，以牺牲环境为代价的发展方式，更是不可持续。同时，在经济发展过程中造成区域失衡、城乡失衡、产业失衡等问题。随着全面建成小康社会，过去以中低端产能为主的供给局面已经无法满足人民对美好生活的需要，必须要重塑经济体系结构。因此，必须坚定不移地推进改革开放，把重心转到构建高效率高质量的国内大循环，在双循环新格局下破解这些矛盾和问题。

（三）构建新发展格局是坚持高水平对外开放的重大举措

开放是国家繁荣发展的必由之路。当前新冠肺炎疫情在全球持续扩散，为世界经济带来巨大下行压力，也给开放合作带来更多不确定和不稳定因素。越是在这种情况下，越要坚持高水平对外开放。双循环新发展格局，不是单一的国内循环，而是国内国际双循环。国内循环在本质上依然是开放的，并且国内循环必须要满足高质量发展要求，因此国内循环也要依托更高水平的开放，制度化的开放，才能更好实现内部循环的畅通和外部循环的连接。改革开放以来，我国综合国力不断增强，国际地位稳步提升，日益走近世界舞台中央。与此同时，我国同国际社会的互联互动变得空前紧密，我国对国际事务的参与程度也不断加深，世界对我国的影响也在不断加强。参与并推动全球治理体系变革，是实现我国经济可持续发展的必然要求，也是国际社会对中国的热切期待。因此，必须顺应时势，提升我国在国际经济循环中的位势，坚持实施更大范围、更宽领域、更深层次对外开放，依托我国大市场优势，促进国际合作，实现互利共赢。

（四）构建新发展格局是维护我国经济安全的战略需要

当前和今后一个时期是我国各类矛盾和风险易发期，各种可以预见和难以预见的风险因素明显增多。必须坚持统筹发展和安全，增强机遇意识和风险意识，树立底线思维，把困难估计得更充分一些，把风险思考得更深入一些，注重堵漏洞、强弱项，下好先手棋、打好主动仗，有效防范化解各类风险挑战，确保社会主义现代化事业顺利推进。党的十九届五中全会提出，要注重处理好发展和安全的关系，这对在复杂国内外环境下更好推进我国经济社会发展具有重大指导意义。习近平总书记指出，"安全是发展的前提，发展是安全的保障"。从历史上的发展经验来看，凡是有真正意义上经济主权的国家，无一不是国内循环回旋余地大，具备安全可控、富有弹性韧性经济体系的国家。因此，我们必须在动荡复杂的世界经济体系中建立以内为主、安全稳固的经济基本盘。只有构建新发展格局，巩固国内大循环的安全防线，才能筑牢国家产业和经济的安全防线，增强我国经济的抗风险能力。

三、主动求变：准确把握构建双循环新发展格局的着力点

提出构建以国内大循环为主体，国内国际双循环相互促进的新

发展格局，是我们党对经济发展客观规律的正确把握和实践运用。2020 年 12 月召开的中央经济工作会议明确指出，党中央权威是危难时刻全党全国各族人民迎难而上的根本依靠，人民至上是作出正确抉择的根本前提，制度优势是形成共克时艰磅礴力量的根本保障，科学决策和创造性应对是化危为机的根本方法，科技自立自强是促进发展大局的根本支撑。这"五个根本"，充分展现了以习近平同志为核心的党中央引领中国经济巨轮破浪前行的高超智慧，充分彰显了党中央从容应对前进道路上风险挑战的高超能力，是我们做好各项工作的重要认识论和方法论。

（一）贯彻新发展理念，实现高质量发展

党的十九届五中全会明确指出，坚定不移贯彻创新、协调、绿色、开放、共享的新发展理念，坚持稳中求进工作总基调，以推动高质量发展为主题。新发展理念是我国现代化建设的指导原则，发展理念是否对头，从根本上决定着发展成效乃至成败。习近平总书记在省部级主要领导干部学习贯彻党的十九届五中全会精神专题研讨班开班式上对新发展理念做了深入阐述：新发展理念是一个系统的理论体系，回答了关于发展的目的、动力、方式、路径等一系列理论和实践问题，阐明了我们党关于发展的政治立场、价值导向、发展模式、发展道路等重大政治问题。总书记强调要从根本宗旨、问题导向、忧患意识三个方面来把握新发展理念。因此，以创新、协调、绿色、开放、共享为内容的新发展理念，为推动我国经济社会高水平发展提供了行动指南。创新发展注重解决发展动力的

问题，协调发展注重解决发展不平衡的问题，绿色发展注重解决人与自然和谐的问题，开放发展注重解决内外联动的问题，共享发展注重解决社会公平正义的问题。新发展理念是针对当前我国发展面临的突出问题和挑战而提出的科学对策，是新发展阶段转变发展方式、优化经济结构、转换增长动能的指导方针。经济发展正从"有没有"转向"好不好"。因此，破解发展难题，厚植发展优势，必须牢固树立并切实贯彻创新、协调、绿色、开放、共享的发展理念。贯彻新发展理念，实现高质量发展，就是使创新成为第一动力、协调成为内生特点、绿色成为普遍形态、开放成为必由之路、共享成为根本目的。构建新发展格局，要把新发展理念贯穿发展全过程和各领域，切实转变发展方式，推动质量变革、效率变革、动力变革，实现更高质量、更有效率、更加公平、更可持续、更为安全的发展。

（二）坚持创新驱动发展，全面塑造发展新优势

习近平总书记在省部级主要领导干部学习贯彻党的十九届五中全会精神专题班上发表的重要讲话，明确指出：构建新发展格局最本质的特征是实现高水平的自立自强，必须更强调自主创新。要坚持创新在我国现代化建设全局中的核心地位，把科技自立自强作为国家发展的战略支撑。当前和今后一个时期，世界大变局加速演变，国际经济、科技、文化、安全、政治格局都会发生深刻调整，要素流动受到诸多限制，主要发达国家制造业产业链本土化意愿强烈，新兴发展中国家加速布局产业链的优势环节，我国制造业产业

链供应链稳定受到挑战，原有的劳动力竞争优势逐渐减弱，新的产业链竞争力尚未形成。特别是在这次疫情当中，为了防止疫情蔓延和扩散，各国采取的严格措施阻碍了要素流动，全球贸易往来及产业链遭遇严重冲击。当前我国一些制造业产业链主要集中在下游的加工组装环节和中低端制造领域，在上游的关键材料、核心零部件、核心技术设备、主要软件等方面仍受制于人的局面没有发生根本性改变，核心技术层面多个领域存在"卡脖子"风险，国家经济安全、国防安全面临重大威胁。因此，必须提升企业技术创新能力，激发人才创新活力，完善科技创新体制机制。坚定不移建设制造强国、质量强国、网络强国、数字中国，推进产业基础高级化、产业链现代化，提高经济质量效益和核心竞争力。提升产业链供应链现代化水平，发展战略性新兴产业，加快发展现代服务业，统筹推进基础设施建设，加快建设交通强国，推进能源革命，加快数字化发展。持续推进制造业领域优势产业"强链、补链"，新兴产业"固链、延链"，未来产业"建链、拓链"，促进产业链向两端延伸、价值链向高端攀升，加快形成世界领先制造业产业集群。

（三）构建完整内需体系，推进需求侧改革

党的十九届五中全会提出，坚持扩大内需要以完整内需体系为支撑，更好地发挥消费基础性作用和投资的关键性作用。2019年我国内需对经济增长贡献率为89.0％，其中最终消费支出占57.8％，成为推动经济增长的主要引擎。但面对新冠肺炎疫情，与

供给端复工复产的稳步推进相比，需求端受疫情影响受到持续抑制，社会消费品零售总额仍处于较低水平，总体呈现出需求恢复显著慢于供给、消费恢复显著慢于投资的态势。因此，坚持扩大内需这个战略基点，要构建完整内需体系，依托强大国内市场，贯通生产、分配、流通、消费各环节，打破行业垄断和地方保护，形成国民经济良性循环。优化供给结构，改善供给质量，提升供给体系对国内需求的适配性。一方面，构建完整内需体系，要发挥消费基础性作用。全面推动商品消费优化升级，顺应居民消费升级的趋势，加强产品品牌、品质、标准和质量建设，加快释放文化、旅游、教育、养老等服务市场的潜力。加快培育数字消费、网络消费、信息消费在内的新型消费模式，推动线上线下融合。另一方面，构建完整内需体系，要发挥投资关键性作用。引导投资在带动消费、拉动产业和扩大就业方面发挥积极作用。采取有效措施扩大投资需求，充分利用中央预算内投资、抗疫特别国债资金，推进新型基础设施、新型城镇化、交通水利等重大工程建设，加大公共卫生、应急物资储备、交通能源等领域补短板力度。积极拓展投资空间，优化投资结构，推动企业设备更新和技术改造，推进一批强基础、增功能、利长远的重大项目建设。

坚持扩大内需这个战略基点要推进需求侧改革。中央经济工作会议明确要求，要扭住供给侧结构性改革，同时注重需求侧改革，打通堵点，补齐短板，贯通生产、分配、流通、消费各环节，形成需求牵引供给、供给创造需求的更高水平动态平衡，提升国民经济体系整体效能。供给和需求是市场经济的两个基本方面，是既对立又统一的辩证关系。没有需求，供给就无从实现，新的需求可以催生新的供给；没有供给，需求就无法满足，新的供给可以创造新的需求。因此，坚持扩大内需这个战略基点需要从供给和需求双侧发力，在提高供给质量的同时，要推进需求侧改革，推动生产与消费同步升级，实现供给和需求在更高水平的动态平衡。

中国经济已经转向高质量发展阶段，消费的发展对于经济的带动在逐步增强，消费规模扩大、消费结构升级的趋势非常明显，但是消费的水平和品质仍有较大的提升空间。从目前看，制约居民消费水平的核心"堵点"就是消费能力。因此，需求侧改革的内核是以满足人民的需求为出发点，一方面要提高居民收入水平，调整收入分配格局，提升居民消费能力；另一方面减轻住房、医疗、教育等刚性支出，从而进一步释放国内消费潜力。

（四）实现更高水平开放，推动国内国际双循环相互促进

国内大循环，在本质上也是开放的，它要与国际循环相互促进、相互配合。正如习近平总书记在省部级主要领导干部学习贯彻党的十九届五中全会精神专题研讨班上讲话所指出的：要塑造我国参与国际合作和竞争新优势，重视以国际循环提升国内大循环效率和水平，改善我国生产要素质量和配置水平，推动我国产业转型升级。按照马克思主义政治经济学基本原理，经济活动中生产、交换、分配、消费各个环节是一个动态的周而复始的循环过程。从经济全球化的视角来看，经济循环可以分为国内经济循环和国际经济循环。在当今经济全球化深度发展、全球价值链分工日益频繁的情况下，没有绝对不参与国际经济循环、与世隔绝的国家。我国现阶

段将经济发展的战略重点从出口导向转向为扩大内需，在此背景下，党中央提出加快形成以国内大循环为主体、国内国际双循环相互促进的新发展格局。新发展格局以国内大循环为主体并不是要闭关锁国，不再重视国际经济循环，而是要在内外循环联动中形成稳定畅通、结构优化、规模扩大的国内需求体系，强调提高经济自我循环能力，从而促进国内大循环的质量提高，形成高水平的产业链和稳定的供应链。因此，构建新发展格局重点在于如何使国内国际双循环相互促进，激发出内外联动的叠加效应。以国内大循环吸引全球资源要素，充分利用国内国际两个市场两种资源，积极促进内需和外需、进口和出口、引进外资和对外投资协调发展，促进国际收支基本平衡。建设更高水平开放型经济新体制，全面提高对外开放水平，推动贸易和投资自由化便利化，推进贸易创新发展，推动共建"一带一路"高质量发展，积极参与全球经济治理体系改革。

（五）全面深化改革，激发整体效能

改革是解放和发展社会生产力的关键，是推动国家发展的根本动力。构建新发展格局，关键在于深化改革。通过全面深化改革，激发活力、释放潜能，构建高水平社会主义市场经济体制，创造更多物质文化财富，实现人民更加美好生活，逐步迈向共同富裕。党的十八大以来，全面深化改革不断深入，各领域间的改革措施相互连动、密切配合，突出系统性和集成性，这些改革内容为构建新发展格局打下了坚实基础。党中央提出构建新发展格局，就是要进一步通过构建新发展格局这一重大战略性举措，打通过去改革进程中

的各种堵点，破除深层次体制机制障碍。因此，构建新发展格局需要进一步深化改革，同时，构建新发展格局是新的重大课题，也必然面临不少新情况新问题，同样需要善于运用改革思维和改革办法，来推动新发展格局落到实处。要把构建新发展格局同实施国家区域协调发展战略、建设自由贸易试验区等改革举措衔接起来，打造改革开放新高地。通过一系列体制机制改革降低要素流动壁垒，稳步推进要素市场化配置改革，降低制度性交易成本，提高企业投资意愿，激活市场主体创造力，调动各方面深化改革积极性，从而增强改革的系统性、协同性，激发整体效应。

第三章　构建双循环新发展格局的战略内涵

2020 年 5 月以来，习近平总书记多次强调要"形成以国内大循环为主体、国内国际双循环相互促进的新发展格局"。党的十九届五中全会提出了"十四五"时期经济社会发展指导思想和必须遵循的原则，要求不断提高贯彻新发展理念、构建新发展格局的能力和水平。推动形成双循环新发展格局，是未来我国经济发展的方向，更是"十四五"时期我国经济改革发展的着眼点。新发展格局是根据我国发展阶段、环境、条件变化提出来的，是重塑我国国际合作和竞争新优势的战略抉择，是我国努力在危机中育新机、于变局中开新局的重要抓手。

一、双循环新发展格局的内涵

双循环新发展格局的本质内涵是"独立自主、高水平开放"。双循环新发展格局既强调供给侧和需求侧的统一，又强调国内国际双循环的相互促进，还强调改革、发展与安全的全方位统筹。构建新发展格局是推动我国经济高质量发展的现实需要，是维护我国经济安全的主动选择，需要我们坚持不懈、久久为功。既要充分发挥国内超大规模市场优势，又要利用好国内国际两个市场、两种资源；既要看到扩大内需战略的实力，又要看到坚持供给侧结构性改革的能力。双循环新发展格局体现了我们坚持独立自主和对外开放的统一。独立自主是我国长期发展积累的宝贵经验，是国家制度和国家治理体系的优势所在，更是推动我国经济持续健康发展的根本保障。双循环新发展格局强调以国内大循环为主体，强调"独立自主"，但绝不意味着我国经济要与国际经济主动脱钩，而是要顺应国内外形势变化，从"国际循环带动国内循环"转变为"国内循环推动国际循环"，在更高水平上推进对外开放。实践也证明，大国经济如果没有独立自主作为保障，在关键领域过多依赖于其他国家，对外开放的战略就会受制于其他国家。

（一）以独立自主为着眼点畅通国内大循环

独立自主的国内大循环是双循环新发展格局的主体和基础，要体现以我为主、自立自强。这要求以大力推进供给侧结构性改革、提升自主创新能力和扩大内需为战略基点，疏通国内生产、分配、流通、消费各环节，推动国内产业链提质、供应链升级，发挥好我国作为世界最大市场的潜力和作用，实现产供销紧密链接、上下游协同发展的体系。

第一，供给侧结构性改革是畅通国内大循环的主线。在生产、分配、流通、消费四个环节中，生产具有决定性作用。因此，构建新发展格局，更需要大力推进供给侧结构性改革，以畅通国内经济循环，使国内产业链供应链更加完整、国外产业循环与国内循环融为一体，这既有利于国内经济大循环的安全，也有利于国内国际双循环相互促进。供给和需求是市场经济内在关系的两个基本方面，二者相互依存。没有需求，供给无法实现；没有供给，需求就无法满足，供给侧结构性改革是拉动需求的治本良药，更是国内大循环畅通的核心。要通过供给侧结构性改革在"通"字上下功夫，打通堵点、连接断点。一方面，我国拥有较好的发展条件和物质基础，拥有全球最完整的产业体系和不断增强的科技创新能力，有9亿多劳动力，其中1.7亿是受过高等教育或拥有专业技能的人才，这些因素支撑着供给侧结构性改革的推进和经济的高质量发展；另一方面，如果供给的质量无法满足人民群众对美好生活的需要，以国内大循环为主的经济循环体系就无法建立。过去我国国内产品质量较差，国内消费群体不得不通过出国购买、跨境电商等渠道满足消费需求，把这部分消费群体留在国内，是实现国内大循环的关键所在。供给侧结构性改革的目的就是为了更好地满足需求，提高供给结构对需求变化的适应性和灵活性。供给侧结构性改革是党中央在综合分析世界经济长周期和我国经济发展新常态的基础上提出来的，是我国经济工作的主线。供给侧结构性改革的主攻方向是提高供给质量，树立质量第一的强烈意识，引导企业加强品牌建设，增强产品竞争力，培育更多"百年老店"，通过减少无效供给、扩大有效供给来提高供给结构对需求结构的适应性。推进供给侧结构性改革的根本途径是深化改革，要完善市场在资源配置中起决定性作用的体制机制，优化营商环境，健全要素市场，使价格机制真正引导资源配置，提高全要素生产率。只要我们保持战略定力，坚持以供给侧结构性改革为主线，我国经济就一定能够加快转入高质量发展轨道。

第二，提升自主创新能力是独立自主的基础。在单边主义、保护主义上升的大背景下，我国经济社会发展和民生改善比过去任何时候都更加需要科学技术解决方案，都更加需要创新这个第一动力，都更加需要把科技自立自强作为国家发展的战略支撑。当前，我国科技领域仍然存在一些亟待解决的突出问题，基础科学研究短板依然突出，重大原创性成果依旧缺乏，"卡脖子"的领域依旧存在，高端芯片、基础材料等瓶颈仍然突出，但一定要认识到危和机往往是并存的，危中有机、危可转机。中美贸易摩擦以来，我国一些出口企业受到较大影响，但也有一些企业从中找到了机会，实现了"进口替代"，坏事变成了好事，企业界、科技界的创新能力全面提升。我国的当务之急就是要加快推动产业向全球产业链高端延伸，进入研发设计、营销服务等高端环节，不断提升产业竞争力，构建全球创新链。大力提升自主创新能力、尽快突破关键核心技术是关系我国发展全局的重大问题，是消灭我国这个经济大块头的"阿喀琉斯之踵"的迫切要求，也是形成以国内大循环为主体的关键。自力更生是中华民族自立于世界民族之林的奋斗基点，自主创新是我们攀登世界科技高峰的必由之路。实践反复告诉我们，关键核心技术是要不来、买不来、讨不来的。要依托我国超大规模市场和完备产业体系，创造有利于新技术快速大规模应用和迭代升级的独特优势，加速科技成果向现实生产力转化，提升产业链水平，维护产业链安全。要发挥集中力量办大事的制度优势，以关键共性技术、前沿引领技术、现代工程技术、颠覆性技术创新为突破口，努力实现关键核心技术自主可控。

第三，紧紧扭住扩大内需的战略基点是独立自主的关键。构建新发展格局，我国要更好发挥内需的潜力。我国有 14 亿多人口的内需市场，正处于新型工业化、信息化、城镇化、农业现代化同步发展阶段，中等收入群体超过4亿人，人民对美好生活的要求不断提高，中等收入群体的衣食住行、教育、医疗等孕育着巨大的消费潜力和大量消费升级需求，个性化、多样化消费渐成主流，保证产品质量安全、通过创新供给激活需求的重要性显著上升，内需潜力不断被释放，国内大循环活力日益强劲。同时还要看到，我国总体消费水平还不高，进一步拉动消费的余地还很大，老百姓对学有所教、病有所医、老有所养、住有所居上有更高水平的需求，但住房、教育、医疗、养老等保障体系尚不健全，房价高、上学难、看病贵、养老难等问题导致我国老百姓不敢大胆消费。我们必须采取正确的消费政策，让收入的提高伴随着消费的增长，通过基本民生的高质量保障来打消老百姓的担忧，释放消费潜力，使消费在构建经济发展新格局中发挥重要作用。扩大内需是我们应对外部环境恶化的重要着力点之一，只要我们能够扭住扩大内需的战略基点，国内市场主导国民经济循环的特征就会更加明显，以消费升级引领供给创新、以供给提升创造消费新增长点的循环动力就会持续增强，更高水平的供需平衡就会实现。推动高质量发展，建设现代化经济体系，其目的就是为了满足人民日益增长的美好生活需要。在经历了40多年高强度大规模开发建设后，传统产业、房地产投资相对饱和，但一些新技术、新产品、新业态、新商业模式的投资机会大量涌现，投资需求的潜力是巨大的。加快释放新型消费能力，积极丰富5G技术应用场景，带动5G手机等终端消费，扩大绿色食品的生产销售，积极稳定汽车等传统大宗消费，这些措施将有力推动国内大循环体系的形成。

（二）以高水平对外开放推动国际循环

经济全球化是社会生产力发展的客观要求和科技进步的必然结果，为世界经济增长提供了强劲动力，促进了商品和资本流动、科技和文明进步、各国人民交往，符合我国和世界各国的共同利益。总结我国改革开放 40 多年来取得的巨大成就，一靠中国人民自力更生的辛勤和汗水，二靠中国坚持打开国门搞建设，开放已经成为当代中国的鲜明标识。我国不断扩大对外开放，不仅发展了自己，也造福了世界。从这个意义上看，我国始终会是全球共同开放的重要推动者，始终会是世界经济增长的稳定动力源，始终会是各国出口的大市场，始终会是全球治理改革的积极贡献者。

以国内大循环为主体、国内国际双循环相互促进的新发展格局是开放的国内国际双循环，不是闭关锁国、闭门造车，不意味着我国经济不再重视国际经济循环。在经济全球化深入发展的条件下，我们不可能关起门来搞建设，更不可能什么都自己做，放弃国际分工与合作，而是要善于统筹国内国际两个大局，利用好国内国际两个市场、两种资源。立足国内经济循环，补齐发展过程中的短板，有利于在更高层次推动国际循环，形成双循环相互促进的格局。纵观人类社会发展史，世界经济开放则兴，封闭则衰。对外开放是我国的基本国策，是推动我国经济社会发展的重要动力，我国开放的大门不会关上，只会越开越大，在更大范围、更宽领域、更深层次上提高开放型经济水平，以更加积极主动的姿态走向世界。

当前，世界经济面临诸多复杂挑战，新增长动能缺乏，贸易和投资保护主义较为严重，个别国家想人为让世界经济退回到孤立的旧时代。我国作为一个经济大国，已经到了一个新的发展阶段：只有打通国内大循环，只有以国内循环推动国际循环，充分利用一切机遇，合作应对一切挑战，才能使国内和国际两个市场更好联通，才能同时利用好国内国际两个市场、两种资源，实现双循环下的、更加深入的经济全球化，推动经济全球化朝着更加开放、包容、普惠、平衡、共赢的方向发展，让经济全球化进程更有活力、更加包容、更可持续，让包括我国在内的各个国家、各个阶层、各类人群共享经济全球化的好处（见下图）。当今世界，全球价值链供应链深入发展，你中有我、我中有你，各国经济融合是大势所趋。我国以国内大循环推动国际大循环，实现高水平对外开放，就是为了坚决反对保护主义、单边主义，不断削减贸易壁垒，推动全球价值链供应链更加完善，共同培育市场需求，积极推动全球经济更加密切的联系。

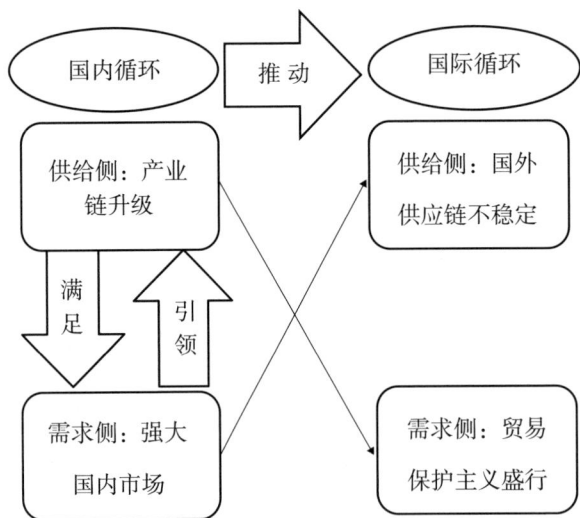

图　以国内循环推动国际循环

（三）以完善高水平社会主义市场经济体制为抓手全面深化改革

构建新发展格局是发展问题，但本质上是改革问题。完善高水平社会主义市场经济体制，需要全面深化改革，关键是处理好政府和市场的关系，充分发挥市场在资源配置中的决定性作用，更好发挥政府作用，推动有效市场和有为政府更好结合。这既是一个重大理论命题，又是一个重大实践命题。在对这个问题的认识上，要讲辩证法、两点论，做到市场与政府"两只手"有机统一、相互补充、相互协调、相互促进。有效市场的应有之意是让市场去配置资源。党的十八届三中全会将市场在资源配置中起基础性作用修改为起决定性作用，这中间既有一脉相承、前后衔接，更有继承发展、巨大飞跃，目的就是为了更加突出市场的作用，把市场机制能有效调节的经济活动交给市场，把政府不该管的事交给市场，让企业和个人有更多活力和更大空间去发展经济、创造财富。有为政府就要更加尊重市场经济一般规律，做到不越位、不缺位、不错位，在资源配置领域做好"减法"，在建设服务型政府领域做好"加法"，做到依法行政，让权力在阳光下运行。紧紧围绕推进国家治理体系和治理能力现代化加快转变政府职能，深化行政体制改革，创新行政管理方式，健全宏观调控体系，加强市场活动监管，加强和优化公共服务，促进社会公平正义和社会稳定，促进共同富裕。总之一句话：该放的一定放到位，该管的一定管到位。

（四）以统筹发展和安全为目的应对百年未有之大变局

当今世界正经历百年未有之大变局，要更深刻地认识发展和安全的关系。安全是发展的前提，发展是安全的保障。保障安全，就要做到重要产业、基础设施、战略资源、重大科技等关键领域自主可控。一是要增强产业体系抗制裁能力。产业链供应链是大国经济循环畅通的关键。我国的产业链供应链尚存在诸多"断点""堵点"，提升产业链供应链现代化水平，保障产业链供应链稳定和安全，补齐产业链供应链短板，既是高质量发展的要求，也是维护我国经济安全的基础。二是要维护金融、通信、网络等重要基础设施安全。金融活，经济活；金融稳，经济稳。经济的开放需要金融的开放为其服务，经济的安全需要金融的安全为其保障，守住不发生系统性金融风险的底线是金融工作的根本性任务。三是要确保粮食安全，保障能源和战略性矿产资源安全。把中国人的饭碗牢牢端在自己手上，保障国家粮食安全，始终是治国理政的头等大事。从国家发展和安全的战略高度认识保障能源安全的重要性，审时度势，顺势而为。四是要确保重大科技领域安全。科技自立自强是一个国家走向繁荣富强的立身之本，突破关键核心技术瓶颈制约是推动经济全球化的重要动力。

二、双循环新发展格局的理论基础

构建新发展格局是大国经济发展的必然要求，大国经济崛起最为关键的标志就是构建以内为主、能够对世界经济产生巨大影响的经济体系，内需拉动、创新驱动的经济发展模式有助于维护一国经济安全。以国内大循环为主体、国内国际双循环相互促进的新发展格局与经济新常态、新发展理念、供给侧结构性改革、建设现代化经济体系以及高质量发展一脉相承，是习近平新时代中国特色社会主义经济思想的新发展，符合马克思主义政治经济学的基本原理，开拓了马克思主义政治经济学新境界。

（一）基于"生产力决定生产关系，生产关系适应生产力"的视角

马克思主义政治经济学不仅研究生产关系的发展规律，也研究生产力的发展规律，还研究生产力与生产关系的相互作用规律。生产力理论是马克思主义理论的基石，也是马克思主义政治经济学最基本的范畴。社会主义的首要任务是发展生产力，逐步提高人民的物质和文化生活水平。解放和发展生产力是中国特色社会主义政治经济学最具标识性的术语，也是对马克思主义政治经济学的发展和创新。人类社会发展的规律性就是生产关系一定要适应生产力发展。只有把生产关系归结于生产力的高度，才能正确揭示一定历史阶段社会经济形态的运动规律。"生产关系与生产力发展相适应"就是马克思研究社会经济制度变迁的基本原则。生产力的发展会引起生产组织的变化，进而导致社会生产关系的变化和经济制度的变迁。生产关系包括人与人的关系、生产过程中的关系、产品的分配关系、交换关系和消费关系等。建立和发展新的生产关系是生产力发展的决定性力量，如果没有这种生产关系的发展，生产力就不可

能有进一步的发展，这就是生产关系对生产力的反作用。从我国的实践来看，改革开放初期的家庭联产承包责任制就是对生产关系的一个重大调整，大大解放了农村的生产力，调动了农民的积极性。

双循环新发展格局的提出同样是对生产关系的一次重大调整，目的是为了进一步推动生产力的发展。双循环新发展格局不是偶然事件冲击下的应急措施，不是单纯外部条件影响形成的产物，而是新阶段我国发展内外部因素综合作用的内生产物。从"生产力决定生产关系，生产关系适应生产力"的视角看，发展格局的调整需要以是否有利于生产力进步为标准。当前，在国际大循环动能减弱、个别国家极力推动"逆全球化"、全球供应链和产业链遭受严重创伤的背景下，"以国际大循环为依托，以外促内"的发展格局已经不适应我国生产力的发展，无法满足人民群众对美好生活的需要，甚至成为我国经济高质量发展的制约因素，因此需要转变为"以国内经济大循环为主，国内国际双循环相互促进"的发展格局。

（二）基于资本循环的视角

马克思揭示了产业资本运动的一般规律，即资本的循环可分为三个阶段：第一阶段是使用货币资本购买生产资料和劳动力等生产要素，即 G—W。在该阶段，资本由货币形态变成了生产要素形态；第二阶段是将购买的生产要素投入生产，即在该阶段，生产资料和劳动力相结合，资本不仅在存在形态上发生了变化，在数量上同样实现了增殖；第三阶段是将新商品转化为货币，即在该阶段，资本必须由商品形态转化为货币形态，才能体现资本的价值和剩余价值。资本通过上述购买、生产和出卖三个阶段，相应采取货币资本、生产资本和商品资本三种形式，执行不同的职能，最后以货币形式回到出发点使价值增值，完成了循环过程。

从产业资本循环的视角看，一个国家国内资本循环要顺利进行，要以能够获得生产资料和劳动力为前提，同时要完成从商品到货币的惊险跳跃，以流通的顺利完成为条件。马克思指出："资本的循环，只有不停顿地从一个阶段转入另一个阶段，才能正常进行。如果资本在第一阶段 G—W 停顿下来，货币资本就会凝结为贮藏货币；如果资本在最后阶段停顿下来，一方面生产资料就会搁置不起作用，另一方面劳动力就会处于失业状态；如果资本在最后阶段停顿下来，卖不出去而堆积起来的商品就会把流通的流阻塞。"由此可见，一旦资本循环无法进行，就会在某些领域发生危机。改革开放 40 多年以来，我国积极参与国际经济循环，是为了合作共赢，同时提升我国的综合实力。但国际循环有一个前提就是国际贸易自由，否则国家之间不会形成分工。当前外部环境复杂多变，国际自由贸易面临重大挫折，只能通过构建国内大循环为主体、国内国际双循环相互促进的新发展格局来完成产业资本的循环过程。

（三）基于国际贸易理论的视角

亚当·斯密在《国富论》中指出，劳动生产力上最大的增进，以及运用劳动时所表现的更大的熟练、技巧和判断力，似乎都是分工的结果。分工一经确立，一个人自己劳动的生产物便只能满足自己欲望的极小部分，大部分欲望只能通过交换获得。分工的原则就是每个人都生产自己最擅长的那种产品，然后进行交换。同时，分工源于交换能力，分工的程度，总要受交换能力大小的限制。李嘉图同样证明过国际分工和贸易可以增进人类福祉。李嘉图的比较优势理论认为，一个国家不论处于什么发展阶段，不论经济力量是强还是弱，都能确定自己的比较优势，都能做到"两优相权取其重，两劣相权取其轻"。按照李嘉图的比较优势理论，一个国家只需生产自己擅长的东西即可，没有必要生产自己不擅长的东西，这样通过交换就能实现利益最大化。从亚当·斯密的绝对优势理论到李嘉图的比较优势理论，其付诸实践需要一个重要的前提条件，即只有国际贸易自由，一个国家分享国际经济循环才能分享到国际分工的红利。如果各国之间无法进行自由贸易，即使两个国家之间存在绝对优势和比较优势，也不会形成分工，提升我国产业链水平、以国内循环推动国际循环的原因正在于此。在国际环境复杂多变的情况下，需要我们坚定不移实施扩大内需战略，大力推进供给侧结构性改革，同时扩大开放，积极构建国内大循环为主体、国内国际双循环相互促进的新发展格局。

三、双循环新发展格局的现实根基

不论是从国内角度来看还是从国际角度来看，都需要构建以国内大循环为主体、国内国际双循环相互促进的新发展格局。从国内角度来看，双循环新发展格局有利于推动我国产业链升级，发挥好我国超大规模的消费市场优势。从国际角度看，面对"逆全球化"、单边主义、保护主义等思潮，需要我国对循环体系进行再部署、再调整。

（一）"两头在外、大进大出"的国际大循环经济发展战略无法继续

经济发展是分阶段的，不同的阶段需要不同的发展模式。"两头在外、大进大出"的国际大循环经济发展战略在我国曾经发挥了一定的作用。改革开放初期，我国经济发展的起点低，人均收入水平也低，想办法利用发达国家技术转移和全球国际分工的机会，发挥劳动密集型优势，抓住经济全球化的重要机遇，形成市场和资源"两头在外"发展模式，通过扩大加工出口来推进经济发展，增加了外汇储备，创造了新增就业，提高了居民收入水平。但发展到今天，之前的"两头在外、大进大出"的国际大循环经济发展战略已经遭遇民粹主义、贸易保护主义、单边主义等障碍，无法持续。同时，国内人民群众的需求结构发生了重大变化，对质量和品质的要求越来越高，需要国内供给体系更好地满足国内需求。

（二）新发展格局是我国真正成为世界经济强国的内在要求

大国经济主要是靠内循环来推动的，不可能过度依靠外循环。从对外依存度来看，在 2008 年国际金融危机之前，随着我国对外开放不断深入，进出口规模不断增加，对外依存度逐年上升，尤其是加入 WTO 之后，2006 年达到峰值 67%。随着我国经济总量越来越大，加之 2008 年国际金融危机之后，全球消费市场陷入低

迷，贸易保护主义抬头，我国对外依存度开始下降，到 2019 年降到 35.72%。但同年美国为 19.7%，日本为 28%，我国明显高于其他主要经济体。对于一个大国经济体而言，国际大循环居于主导地位、外向型特征十分明显的经济结构不利于维护经济安全。展望未来，出口在我国经济当中的比重一定会越来越少。2006 年，出口占 GDP 的比重超过 1/3，达到 35.4%，到 2019 年降为 17.4%，今后这个比例会进一步下降，以要素低成本、出口导向来推动经济发展的增长模式已不可持续。越大的经济体，越要依靠国内消费来拉动经济增长。尤其是在我国经济高质量发展的背景之下，如果产业链水平较低、创新能力不强、核心技术对外依存度过高、国内供给无法满足国内需求，就会影响现代化经济体系的建设和高质量发展目标的实现。当前，我国科技领域仍然存在一些亟待解决的突出问题，特别是同高质量发展的要求相比，我国科技创新短板依然突出，在视野格局、创新能力、资源配置、体制政策等方面存在诸多不适应的地方。现在，我们面临千载难逢的历史机遇，迎来了世界新一轮科技革命和产业变革同我国转变发展方式的历史性交汇期，应积极构建以国内大循环为主体的新发展格局，提供高质量科技供给，推动经济发展质量变革、效率变革、动力变革，推动产业链再造和价值链提升，满足老百姓对美好生活向往的有效需求。

（三）增进人民福祉需要构建新发展格局

人民群众对美好生活的需要，就是我们奋斗的目标，经济的发展要关注人民生活水平的提高。改革开放 40 多年来，我们利用国际国内两个市场，人民生活水平有了较大改善。2019 年，我国人均 GDP 已经达到 1 万美元，城镇化率超过 60％，在全面建成小康社会之后进入了建设社会主义现代化强国的新阶段，我国社会主要矛盾已经转化为人民日益增长的美好生活需要和不平衡不充分的发展之间的矛盾，发展的重点从解决"有没有"转变为解决"好不好"，我国居民消费结构加快向品质型消费升级，个性化、多样化和品质化消费需求增长速度明显加快。当前，我国已成为全球第二大消费市场，但这是总量，人均消费量与发达国家相比还有较大差距，挖掘消费的潜力巨大，尤其是对中高端产品和服务的消费需求增长较快，庞大的中等收入群体构成了我国中高端商品和服务的消费主体。这些因素决定着我国的发展模式需要从外向型发展模式转变为内循环主导的发展模式。只有构建完整的内需体系，补齐消费市场的短板，实现经济由外需拉动型转变为内需拉动型，把满足国内需求作为经济发展的出发点和落脚点，才能够更好地解决现阶段我国社会面临的主要矛盾，更好地满足人民对美好生活的向往和消费升级的换代需要。

（四）构建新发展格局有利于应对逆风逆水的外部环境

当前，全球产业链供应链因非经济因素而面临冲击，我们将面对更多逆风逆水的外部环境，必须做好应对一系列新的风险挑战的准备，这个准备就是推动形成以国内大循环为主体、国内国际双循环相互促进的新发展格局。2018 年中美贸易摩擦以来，美国不遗余力地打压中国发展，美国部分政客扬言与中国"脱钩"，紧锣密鼓加紧"去中国化"。经济全球化遭遇逆流，供给侧的国外供应链不稳定，需求侧的保护主义盛行、全球经济陷入低迷，加之民族主义、单边主义、孤立主义上升，国际贸易和投资大幅萎缩，给人类生产生活带来前所未有的挑战和考验。在全球化重构的时代，我们在战略和政策上必须进行调整，新发展格局就是应对上述危机和风险的必然选择。作为一个经济大国，我国要统筹好经济发展与风险防控、对外开放与经济安全之间的关系，将经济发展的动力和重心转向以国内经济大循环为主体，在此基础上进一步扩大开放，重新定位我国在全球经济体系中的位置，布局开放新模式，由"国际循环带动国内循环"转为"国内循环推动国际循环"。新发展格局意味着我国要通过国内"自转"推动国际"公转"，通过中国经济"体内"循环推动全球经济"体外"循环，这种循环模式有利于维护我国经济安全。只有把创新主动权、发展主动权牢牢掌握在自己手中，只有不断提升产业链水平、破解关键技术和高端装备依赖进口的问题，才能从根本上应对逆风逆水的外部环境并保障国家经济安全。

（五）我国构建新发展格局具有显著的制度优势

公有制为主体、多种所有制经济共同发展，按劳分配为主体、多种分配方式并存，社会主义市场经济体制等社会主义基本经济制度，既体现了社会主义制度优越性，又同我国社会主义初级阶段社会生产力发展水平相适应，是党和人民的伟大创造。这三项基本经济制度相互联系、相互支持、相互促进，具有长期性和稳定性，起着规范方向的作用，对经济发展方式具有决定性影响。首先，"两个毫不动摇"缺一不可。我们既要明确国有企业是中国特色社会主义的重要物质基础和政治基础，当然要旗帜鲜明、理直气壮地做强做优做大；又要明确国有企业的出路在改革，必须坚持现代企业制度改革方向，坚持分类指导原则；还要明确民营企业和民营企业家都是我们"自己人"，坚决抵制所谓的"离场论""新公私合营论"等错误观点。其次，"两种分配方式"并存。按劳分配是基本原则，同时也要注意效率和公平的有机统一，允许和鼓励资本、土地、知识、技术、管理、数据等其他生产要素参与分配，积极发挥再分配的调节作用，在"做大蛋糕"的同时"分好蛋糕"。最后，要发挥好"两只手"的作用。社会主义制度和市场经济的结合是一个伟大创造，表明对政府和市场关系的认识有了重大突破，使市场在资源配置中起决定性作用，更好发挥政府作用，为完善社会主义市场经济体制指明了方向。

新中国成立 70 多年来，我们党领导人民创造了经济快速发展的奇迹，用几十年时间走完了发达国家几百年走过的工业化进程，跃升为世界第二大经济体，综合国力显著提升，人民生活显著改善，取得如此成绩所依靠的就是中国特色社会主义制度。党的十八大以来，党中央提出了一系列拉动内需、推动创新的新举措。2012年底召开的中央经济工作会议提出"扩大内需、提高创新能力、促进经济发展方式转变"，2018 年在深化供给侧结构性改革的基础上提出"畅通国民经济循环""促进形成强大国内市场"。新发展格局下，更要发挥我国社会主义制度能够集中力量办大事的显著优势，补齐产业链、供应链中存在的短板，全面提升自主创新能力，既要发挥好市场在资源配置中的决定性作用，又要更好发挥政府作用，建设高标准市场体系。新发展格局的构建离不开制度保障，我国的制度优势能够为市场主体提供安全环境、政策保障和强力激励，有利于疏通新发展格局面临的堵点、痛点和难点，有利于发挥新型举国体制优势，集中力量攻关核心技术，强化关键环节、关键领域、关键产品保障能力。

第四章　构建双循环新发展格局的战略支撑

党的十九届五中全会明确指出，坚持创新在我国现代化建设全局中的核心地位，把科技自立自强作为国家发展的战略支撑。这为贯彻新发展理念、推动高质量发展、建设科技强国、建设现代产业体系、构建新发展格局提供了重要遵循。要把科技自立自强作为构建双循环新发展格局的战略支撑。

一、科技自立自强战略意义重大

面对中华民族伟大复兴战略全局和百年未有之大变局，强调科技自立自强作为国家发展的战略支撑，意义重大。

科技自立自强，是以习近平同志为核心的党中央把握国际国内发展大势、立足当前、着眼长远做出的战略部署。当今世界正经历百年未有之大变局，我国发展面临的国内外环境发生深刻复杂变化，我国"十四五"时期以及更长时期的发展对加快科技创新提出了更为迫切的要求。科技强国是社会主义现代化国家应有之义，是现代化强国的重要组成内容，同时也是其他领域现代化的战略支撑。

从国内看，我国已从高速增长转向高质量发展阶段，"十四五"将开启全面建设现代化国家的伟大征程。新征程，新挑战，而新挑战孕育新机遇。当传统比较优势逐渐消失，当国际形势发生深刻变化之后，唯有创新、唯有自强自立才能支撑高质量发展的要求，才能满足人民对更好产品、更好服务、更好医疗保障、更优质生态环境等一切对美好生活的需要，才能为实现国内大循环为主体、国际国内双循环良性互动的新发展格局奠定坚实科技基础，才能保障产业安全、国家安全以及现代化国家目标的实现。提高供给体系质量和水平，以新供给创造新需求，科技创新是关键。畅通国内国际双循环，也需要科技实力保障产业链供应链安全稳定。正如习近平总书记在 2020 年 9 月 11 日科学家座谈会上强调的那样，我国经济社会发展和民生改善比过去任何时候都更加需要科学技术解决方案，都更加需要增强创新这个第一动力。

从国际环境看，新一轮科技革命和产业变革加速演进为我国实现创新驱动发展、"换道超车"提供了机遇，但也存在现有差距继续拉大的风险。在激烈的国际竞争面前，在单边主义、保护主义上升的大背景下，我们必须走出适合国情的创新路子，特别是要把原始创新能力提升摆在更加突出的位置，努力实现更多"从 0 到 1"的突破。美国视我国为战略竞争对手，目前我国有将近 500 家企业、高校和科研院所被美国列入实体名单，未来这份清单上的中国实体可能还会增加。我国存在陷入全球价值链"低端锁定"的风险。美国加强了出口管制和投资审查，阻止中国从美国获得先进技术。美国对中国的技术封锁不仅体现在高筑关税壁垒、限制赴美投资、对华出口管制上，还包括通过限制美国公司通过知识产权许可向中国转让技术。如对中国收购美国生物医药和医疗器械公司的技术或者获得技术授权引进进行更为严苛的审查。这必然导致我国从美国企业获取知识产权许可的难度提高，继而影响正常的技术转移活动。一方面，未来通过大规模的政府主导引进人才已经不可能；另一方面，美国已经开始限制中国留学生的专业选择、以国家安全为名限制中美之间敏感学科的科技交流和人员往来，加强了对重点技术人员出入境的签证管理，个别大学甚至停止和中国大学的合作。这些措施都将严重增加我国引进海外高层次人才的难度。

因此，唯有通过科技自立自强提高关键核心技术创新能力，深入实施创新驱动发展战略，补短板、锻长板，夯实产业基础，提升我国在全球价值链分工体系中的地位，才是破解贸易摩擦、预防技术阻断、摆脱低端锁定风险、实现高质量发展的唯一选择。

二、高质量发展的雄厚基础和现实挑战呼唤科技自立自强

经过多年努力，我国的科技创新能力已经得到了大幅提升，为高质量发展奠定了较为坚实的基础，也为我国进一步深入实施创新驱动发展战略和加快科技自立自强奠定了坚实根基。我国全社会研发投入多年保持10%以上的增长速度，2019年达到了2.21万亿元，总量居世界第二位，研发投入的强度也达到了2.23%，超过了欧盟平均水平。在人才、体制机制、创新环境等各个方面都有长足进步。我国逐步由人口大国向科技人力资源大国迈进。研

发人员全时当量由 2015 年的 375.9 万人 / 年，增长到 2019 年的 461 万人 / 年，连续多年位居世界首位，占全球研发人员总量的比重超过 30%。

据世界知识产权组织等发布的《2020 年全球创新指数报告》显示，2019 年中国创新能力排名位居 131 个经济体的第 14 位。中国科学技术发展战略研究院发布的国家创新指数报告及相关创新指数年度报告，均显示我国已进入创新型国家行列，正向着"跻身创新型国家前列"目标迈进。一些重大和关键领域取得了举世瞩目的巨大成就。在基础研究和高科技发展领域取得了一批重大成果，突破了一批关键技术。在量子信息、铁基超导、中微子、干细胞、脑科学等前沿方向上取得了一系列重大原创成果。载人航天与探月、北斗导航、大型客机、载人深潜、国产航母、高速铁路、5G 移动通信、超级计算、特高压输变电、第三代核电等一大批战略高技术领域取得重大突破，都对我国经济社会发展产生了重大的积极影响，为培育经济发展新动能、推动产业转型升级、保障国家安全作出了重大贡献，也为下一步进入创新型国家前列积累了基础。由科技部委托中国科学技术发展战略研究院开展的"第五次国家技术预测"结论显示，我国科技水平与国际先进水平的差距明显缩小，从全面跟踪转为"三跑并存的格局，即'跟跑'占一半"，"领跑加并跑"接近占一半，与世界领先国家相比，我国技术整体上处于中上水平。近年来，我国在量子信息、铁基超导等基础研究上，在天然气勘探开采、特高压输电等重大民生工程方面走在了世界前列，实现了"领跑"。北斗导航系统实现全球组网并开始向全球提供服务，中芯国际 14 纳米工艺实现量产，办公软件、智能图像和语音识别等领域初步形成全球先进解决方案，国产软硬件产品实现了从"不可用"到"可用"的重大跨越，并加速向"好用"迈进；民机铝材、高强碳纤维、抽芯铆钉、红外焦平面探测器等一批基础领域瓶颈短板得到初步缓解。

但同时也要看到，创新能力还不能适应高质量发展的要求，同建设世界科技强国的目标相比，我国发展还面临重大科技瓶颈，国家创新体系整体效能还不强，关键核心技术受制于人的局面还没有得到根本转变，科技基础仍然薄弱，科技创新能力特别是原创能力还有很大差距。一些战略性新兴领域，由于没有基础研究和应用基础研究源头供给的支撑引领，出现了高端产业低端化的局面。创新能力依然是我国这个"经济大个头"的"阿喀琉斯之踵"。关键核心技术是要不来、买不来和讨不来的，必须自立自强。

三、坚定不移走中国特色自主创新道路，推动科技自立自强

自立自强与自力更生、自主创新是相通的。从党的十八大提出创新驱动发展战略，到十九大提出创新是引领发展的第一动力，再到十九届五中全会提出科技自强自立，党中央对于科技创新的战略方针和谋划部署既是一脉相承也是与时俱进的。

走中国特色的自主创新道路，就是要以关键共性技术、前沿引领技术、"杀手锏"技术、现代工程技术、颠覆性技术创新为突破口，敢于走前人没走过的路，努力实现关键核心技术自主可控，把

创新主动权、发展主动权牢牢掌握在自己手中。核心技术是国之重器，最关键最核心的技术要立足自主创新、自立自强。市场换不来核心技术，有钱也买不来核心技术，必须靠自己研发、自己发展。习近平总书记指出："重大科技创新成果是国之重器、国之利器，必须牢牢掌握在自己手上，必须依靠自力更生、自主创新。"当然，自主创新不是闭门造车，不是单打独斗，不是排斥学习先进，不是把自己封闭于世界之外。

因此，走中国特色自主创新道路就是要坚持协同创新和开放创新。紧密结合中国特色社会主义市场经济新要求新特征，让市场在创新资源配置决定性作用的前提下，充分发挥我国社会主义制度能够集中力量办大事的优势，自立自强，加强统筹协调，促进协同创新，优化创新环境，形成推进科技创新的强大合力。新时代是合作共赢的时代，机遇稍纵即逝，合作共赢是发展的唯一出路，要更加突出协同创新。数据共享、平台共享、人才共享将极大提升创新效率和效能。中国特色自主创新道路绝不是关起门来搞创新，自立自强与开放合作不是对立关系，而是辩证统一的。自立自强是能够相互平等、相互尊重，进行开放合作的前提和基础。改革开放40多年来，中国的科技创新从来都不是封闭式的，今后也不会关起门来自己搞创新，中国开放的大门不但不会关上，而且会越开越大。走开放创新之路，学习、吸收、借鉴全球科技成果，同时也向世界分享更多的中国科技成果，在维护国家安全的基础上拓宽国际科技创新合作广度和深度，为全球创新发展贡献中国智慧。

四、科技自立自强，要坚持"四个面向"推动科技与现代化建设的深度融合

强调创新要坚持"四个面向"，即面向世界科技前沿、面向经济主战场、面向国家重大需求和面向人民生命健康。这为我国深入实施创新驱动发展战略、组织科学研究和技术开发指明了方向。"四个面向"相互交融、密不可分，共同组成科技创新的着力点。坚持"四个面向"，推动科技与经济社会发展的深度融合，才能真正实现创新驱动发展。

从科学技术是生产力到科学技术是第一生产力，再到创新是引领发展的第一动力，彰显了中国共产党对科技创新认识的不断深化。科技创新是一个复合性的范畴，其中包含了科学、技术和创新三个概念。三个概念相互联系，共同构成创新驱动发展的核心要素，但又相互区别，价值导向有所不同。科学强调对规律的认识和发现；技术强调发明，注重有用性；创新强调技术的市场化和产业化，不仅强调技术的技术性，还要特别考虑技术的市场性和社会性，实现技术的技术性和市场性社会性的统一。三者共同构成创新核心体系，科学研究和技术研发是创新的基础和源头。创新推动科技成果实现价值。早在2014年，习近平总书记在中国科学院第十七次院士大会、中国工程院第十二次院士大会上的讲话中就指出："科技成果只有同国家需要、人民要求、市场需求相结合，完成从科学研究、实验开发、推广应用的三级跳，才能真正实现创新价值、实现创新驱动发展。"因此，科技创新不仅仅是技术概念，

一定程度上更是一个经济学概念。推动科技与经济社会发展的深度融合是科技创新的应有之义，也只有这样，才能解决过去长期以来科技与经济社会发展以及人民生命健康需要两张皮问题。因此，坚持"四个面向"，就要推动科技和经济社会发展的深度融合，打通从科技强到产业强、经济强、国家强的通道。2016 年，习近平总书记在全国科技创新大会、中国科学院第十八次院士大会和中国工程院第十三次院士大会、中国科学技术协会第九次全国代表大会上讲话时指出："科学研究既要追求知识和真理，也要服务于经济社会发展和广大人民群众。广大科技工作者要把论文写在祖国的大地上，把科技成果应用在实现现代化的伟大事业中。"

当前，我国正处于百年未有之大变局和中华民族伟大复兴大格局中，已经进入高质量发展阶段，高质量发展就是体现新发展理念的发展。创新是引领发展的第一动力，协同发展、绿色发展、共享发展和开放发展都需要科技创新的力量和解决方案。经济社会发展以及人民生命健康对科技创新成果有强烈的需求，涉及农业、工业和服务业；能源交通；传统产业改造升级和新兴产业创造新需求，公共卫生和医药等各个方面，特别是能够保障产业链供应链安全的核心技术和关键技术。

五、科技自立自强，要加强基础研究和原始创新，增强科技创新的源头供给

基础研究和原始创新不足严重影响关键技术和核心技术的突

破，严重影响产业链供应链安全。基础研究是整个科学体系的源头，是所有技术问题的"总开关"，是技术进步的先行官。基础研究一方面要遵循科学发现自身规律，以探索世界奥秘的好奇心来驱动，鼓励自由探索和充分的交流辩论；另一方面要通过重大科技问题带动，以问题为导向，在重大应用研究中抽象出理论问题，进而探索科学规律，使基础研究和应用研究相互促进。要解决"卡脖子"的问题，必须要强化基础研究和应用基础研究。习近平总书记在 2020 年 9 月 11 日科学家座谈会上指出，我国面临的很多"卡脖子"技术问题，根子是基础理论研究跟不上，源头和底层的东西没有搞清楚。

被誉为美国科技管理体系奠基人、在美国被称为互联网之父、曾担任美国总统顾问的万尼瓦尔·布什，在第二次世界大战快要结束的时候撰写了一份研究报告《科学：没有止境的前沿》。布什在该报告中指出，基础研究是技术进步的先行官，政府用以加强工业研究的最简单和最有效的方式是支持基础研究和培养科学人才，纯基础理论研究还具有"固有的文化的美学的价值"，具有"培养杰出的应用人才"和提高国家尊严等方面的重大功能。布什的这个研究报告对第二次世界大战之后美国的科技管理产生了很大影响，让美国的科技从过去的实用主义走向更加注重长远和基础，使得美国成为基础研究和原始创新强国。美国与时俱进，到了 20 世纪 90 年代，强调应用驱动的基础研究，实现科学与技术、产业和社会发展的结合。我国目前也处于这样一个关键时期，美国的经验值得借鉴和学习。按照"十四五"规划，我国将进一步支持研究型大学的发展，培养更多更好的基础研究人才。并将持续推进国家自然科学基金改革，优化学科布局，稳定支持一批科学家和团队长期从事基础学科、冷门学科研究，提升基础理论研究能力和水平。

基础研究属于准公共产品，需要公共投入。目前我国在基础研究投入方面还不足，全社会研发经费支出中基础研究占比刚超过6%，创新型国家普遍在15%以上，有的国家甚至高达30%左右。这是我国"十四五"时期要弥补的短板。国家将持续增加基础研究的财政资金投入，并引导企业和金融机构以市场方式加大支持，鼓励社会以捐赠和建立基金等方式多渠道投入，扩大基础研究资金来源。

基础研究的主要承担者是大学和公益性的科研院所。但按照历史经验和未来科技发展趋势，企业也应该积极参与，特别是有条件的企业。例如我国的华为，正是由于多年的基础研究积累，才在5G通讯领域独占鳌头。当前我国企业研发经费投入占全社会研发经费的78%左右，但其中只有大约0.2%是用于基础研究，用于应用研究的也不到4%，95%以上的都是投向了试验开发。技术创新型的中央企业和技术领先的民营企业，可以凭借自身的创新优势开展基础研究特别是应用基础研究，或者与大学科研院所、中小企业合作，协同推进基础研究和应用基础研究，真正打通从科技强到产业强和国家强的通道。因此，"十四五"时期，国家会进一步支持企业牵头组建创新联合体，承担国家重大科技项目，对于从事和支持基础研究的企业给予税收优惠。

六、科技自立自强，要打好关键核心技术攻坚战

关键核心技术掌控十分迫切，关系产业安全、经济安全、国家

安全，关系现代化目标能否如此完成。习近平总书记强调："只有把核心技术掌握在自己手中，才能真正掌握竞争和发展的主动权，才能从根本上保障国家经济安全、国防安全和其他安全。不能总是用别人的昨天来装扮自己的明天。不能总是指望依赖他人的科技成果来提高自己的科技水平，更不能做其他国家的技术附庸，永远跟在别人的后面亦步亦趋。"

因此，充分发挥我国社会主义制度能够集中力量办大事的显著优势，构建中国特色社会主义市场经济条件下的新型举国体制，十分迫切。新型举国体制与传统计划经济条件下的举国体制不同。新型举国体制的核心是打造创新生态，构建融合协同创新体系。解决长期以来包括人才、资金、平台等在内的各类创新资源分散、低端重复等问题，形成政产学研用金一体化的攻关机制。具体而言，一是要尊重市场规律，在充分发挥市场在资源配置中的决定性作用的前提下，更好发挥政府的作用。运用市场手段，充分发挥各类创新主体的能动性，揭榜挂帅，以重大需求为牵引推动国产化替代，打通从基础研究、应用研究、实验开发到生产和应用的通道，全链条布局联合攻关。科技创新离不开政府这只有形之手。即使是信奉市场力量的美国，政府在推动科技创新方面发挥的作用也无比强大。曼哈顿工程和阿波罗计划是美国举国体制最成功的范例。美国政府对科技创新的干预是隐形的，美国政府有总统科技顾问委员会，没有专门的科技管理机构，但却通过分散形式干预科技活动。例如，美国国防部通过高级研究计划署重点推动电子信息技术，卫生部通过国家卫生研究院重点推动生物技术，能源局重点推动能源技术，航天航空局重点推动航天技术，此外，还设立国家科学基金会广泛支持基础研究。二是要坚持有所为有所不为，举国体制不能解决所有问题。聚心聚力，补短板和锻长板并重，努力构建你中有我，我中有你的科技创新局面。发挥既有技术优势，一方面要拉长长板，提升锻造一些"杀手锏"技术，进一步增强我国在高铁、电力装备、新能源、通信设备等领域的全产业链优势，拉紧国际产业链对我国的依存关系，形成对外方人为断供技术的强有力反制和威慑能力；另一方面要补齐短板，重中之重是在关系国家安全的领域和节点构建自主可控、安全可靠的国内技术供应体系，在关键时刻可以做到自我循环，确保在极端情况下经济正常运转。三是要坚持开放协同创新理念，集聚各方优势力量集中攻关。自主创新和科技自立自强绝对不是关起门来一切从头开始的创新。充分利用数字技术，创新研发模式，发挥产业部门或技术需求方的作用，实现各类创新主体的深度融合。

"十四五"时期，国家会进一步强化和整合战略科技力量，加快建设国家实验室，整合国家重点实验室，优化科研机构规划布局，建设跨学科、大协作、开放共享的重大科技基础设施和协同创新平台，保障多主体协作、多学科交叉融合、多技术路线并行，形成高效强大的技术供给体系，在人工智能、量子信息、集成电路、生命健康、脑科学、生物育种、空天科技、深地深海等领域实施重大科技项目，努力突破一批关键通用技术、前沿引领技术、现代工程技术、颠覆性技术，保障关键核心技术源头供给。"十四五"时期，国家会进一步强化企业创新主体地位，向企业集聚更多的创新资源，使企业成为创新要素集成、科技成果转化的生力军，打造科技、教育、产业、金融紧密融合的创新体系，真正用源头创新夯实产业基础，支撑传统产业升级，引领新业态和新模式，催生新发展动能，推动经济高质量发展，提升产业链供应链现代化水平，保障产业链供应链的安全。在通信行业形成了以华为为代表的"华为产业链"创新格局，其他领域也可以采取这种模式，发挥头部企业的作用，实现产业链上下游整体发展、群体突破，一揽子解决核心关键技术受制于人的问题。

七、坚持"四个面向"，推动重大基础研究成果和原创成果转移转化

科技成果转移转化是推动创新驱动发展的重要一环。基础研究的重大突破，需要转移转化，需要与市场、社会和国家需要相结合，才能形成现实生产力。2016 年 4 月，正如习近平总书记在网络安全和信息化工作座谈会上讲道："技术要发展，必须要使用。在全球信息领域，创新链、产业链、价值链整合能力越来越成为决定成败的关键。核心技术研发的最终结果，不应只是技术报告、科研论文、实验室样品，而应是市场产品、技术实力、产业实力。核心技术脱离了它的产业链、价值链、生态系统，上下游不衔接，就可能白忙活一场。""科研和经济不能搞成'两张皮'，要着力推进核心技术成果转化和产业化。经过一定范围论证，该用的就要用。我们自己推出的新技术新产品，在应用中出现一些问题是自然的。可以在用的过程中继续改进，不断提高质量。如果大家都不用，就是报一个课题完成报告，然后束之高阁，那永远发展不起来。"

我国拥有强大的市场资源，这为我国科技自立自强提供了巨大需求牵引。关键是要打通科技成果转移转化中存在的"堵点"并补上"弱点"和"断点"。科技成果转移转化要解决四个问题：一是有的转，这不仅仅是数量问题，更重要的是质量问题；二是有权转；三是愿意转；四是转的顺。目前我国在有权转和愿意转方面取得很大成绩，通过赋予科研人员职务发明所有权和长期使用权试点，转让和许可收益的很大比例给了科研人员，极大地调动了科研人员科技成果转移转化的积极性。但目前在有的转和转得顺方面仍然存在断点和难点。问题之一是科技成果质量不高，需要进一步强化科学研究和技术开发的"四个面向"意识。问题之二是技术转移人才队伍和机构能力弱。问题之三是知识产权服务能力较为薄弱。问题之四是科技成果转移转化定价机制有待完善，需要更加充分地利用市场机制加快科技成果转移转化。问题之五是企业技术消化吸收能力不够强。

解决上述这些问题，发挥政府职能至关重要。"十四五"时期，政府在补短板、强弱项方面的职能将进一步显现，公共财政资金支持前移，引导更多的社会资金支持科技创新。强化战略导向、问题导向和需求导向，完善国家实验室和国家重点实验室的运行机制，开放共享，吸引国内外高端人才和科研团队潜心研发攻坚克难。强化基础研究带动学科发展；拓宽基础研究经费投入渠道，构建有利于企业开展、参与或支持基础研究的评价考核体系和财税政策。

弥补市场短板，除了加大对基础原创性研究的长期稳定支持力度之外，进一步创新支持方式，培育高水平研发公共平台，支持"中试熟化平台建设"。更重要的是要着力提高创新政策、产业政策、财税政策以及外贸政策之间的融合性和协同性，充分发挥政策合力，推动创新驱动发展落地生根。

八、完善科技创新体制机制，激发人才创新动力和活力，是实现科技自立自强的根本

创新驱动的实质是人才驱动，人才驱动创新的背后是好的体制机制。人才是创新的根本，推动创新应在人身上花更大功夫。2018年习近平总书记在中国科学院第十九次院士大会、中国工程院第十四次院士大会上的讲话中强调，"世上一切事物中人是最可宝贵的，一切创新成果都是人做出来的。硬实力、软实力，归根到底要靠人才实力"。政府定战略、定方针、定政策、创造环境和搞好服务，统筹科技力量，而将科技解决方案交给科技工作者和各类市场主体。

完善科技创新体制机制是实现国家治理体系和治理能力现代化的重要组成部分，也是完善社会主义市场经济体制的核心构成。"十四五"时期，国家将进一步深化全面创新改革试验，协同推进科技与经济、教育、人才、社会保障等体制机制改革，提高改革的系统性和协同性。把解决体制性障碍、结构性矛盾、政策性问题统一起来，使各项改革朝着推动创新驱动发展聚焦发力。

一是深入推进科技体制改革，完善国家科技治理体系。进一步完善国家科技计划联席会议制度，优化国家科技规划体系和运行机制，推动重点领域项目、基地、人才、资金一体化配置。改进科技

项目组织管理方式，实行"揭榜挂帅"等制度。完善激发科技创新动力、活力和人才积极性的激励机制和约束机制，完善科技评价机制，优化科技奖励项目。在全国推广一些地方创新科技体制机制的做法。例如江苏省出台《关于深化科技体制机制改革推动高质量发展若干政策》，采取科研经费"包干制"，设置科研助理，精简报销和申报材料，让科研人员从烦琐的行政事务中解脱出来；围绕强化基础研究和原始创新，布局"前沿引领技术基础研究专项"，由领衔科学家自主设置研究课题、自主选聘科研团队、自主安排经费使用；围绕"创新激励"，构建"鼓励创新、宽容失败"的免责机制，让科技创新不怕失败，勇于尝试。

二是深化教育体制改革。建设高素质教师队伍，用最优秀的人培养更优秀的人。培养更多创新型、应用型和技能型人才，支持发展高水平研究型大学，加强基础研究人才培养，造就更多的世界顶尖科技人才。优化同新发展格局相适应的教育结构、学科专业结构、人才培养结构。完善全民终身学习推进机制，构建方式更加灵活、资源更加丰富、学习更加便捷的终身学习体系。

三是深化用人制度改革。向用人主体放权，为人才松绑，发挥市场在人才资源配置中的决定性作用。要给这些人和主体"松绑"，赋予他们更大的自主权。加大科研单位改革力度，赋予其更大的自主权，最大限度地调动科研人员的积极性，提高科技创新产出效率。扩大选人用人自主权，推进高校、科研院所薪酬制度改革。落实高层次人才工资分配激励政策，鼓励事业单位对高层次人才实行年薪制、协议工资制、项目工资等灵活多样的分配形式。在人才流动上要打破体制界限，让人才能够在政府、企业、智库间实现有序顺畅流动。国外那种"旋转门"制度的优点，也可以借鉴。在构建新发展格局中，深化国际科技交流合作，统筹国内国际两个大局，通过设立面向全球的科学研究基金，促进科技开放合作，用好国内国际两种资源，大力用好国际一流人才和科研团队。

四是完善科技成果与产业、资金和市场融合机制。健全科技成果转移转化收益合理分配机制，赋予科技人员职务科技成果所有权或长期使用权，充分利用市场机制评估科技成果。完善政府采购政策，落实对自主创新产品的支持，推动科技成果产业化和规模化应用。加大知识产权保护力度，引导各类创新主体在关键前沿领域加强专利布局，提高知识产权管理和运营能力，切实推动科技成果转移转化，实现创新价值。完善金融支持创新体系，促进新技术产业化规模化应用。围绕创新链和产业链打造资金链，形成金融、科技和产业良性循环和三角互动。完善多层次资本市场，建设高质量资本市场，实现各板块之间的互联互通。商业银行要转变发展方式，深化与财政、社会资金合作，探索联合支持科技创新项目的新模式。

五是要大力弘扬科学家精神、企业家精神和工匠精神。科技自立自强、创新驱动发展离不开精神支撑。弘扬科学家精神就是要弘扬胸怀祖国、服务人民的爱国精神，勇攀高峰、敢为人先的创新精神，追求真理、严谨治学的求实精神，淡泊名利、潜心研究的奉献精神，集智攻关、团结协作的协同精神，甘为人梯、奖掖后学的育人精神，这些精神是科技工作者长期科学实践中积累的宝贵财富。企业家是构建新发展格局、建设现代化经济体系和推动高质量发展的生力军，企业家精神内涵十分丰富，爱国情怀是第一位的，优秀的企业家都能够将企业的发展同国家繁荣、民族兴盛、人民幸福紧密结合在一起，主动为国担当、为国分忧；创新是企业家精神的核心。敢于承担风险，敢为人先，保持战略定力，勇于担当是企业家的特质，这些特质使得企业家成为科技创新的探索者、组织者和引领者。而只有坚持诚信守法、勇于承担社会责任以及拥有更加广阔的国际视野，企业家才能带领企业走得更好、更远。严谨认真、精益求精、追求完美的工匠精神是实现科技自立自强的重要支撑，科技成果只有变成高质量的产品和服务才能实现创新价值，从研发、设计到生产、营销的每一个环节，都需要工匠精神作保障。

第五章　构建双循环新发展格局的战略拉力

习近平总书记多次强调，深化供给侧改革、实现高质量发展，必须实现依靠创新驱动的内涵型增长。党的十九届五中全会提出，把实施扩大内需战略同深化供给侧结构性改革有机结合起来，以创新驱动、高质量供给引领和创造新需求。新发展格局的实现需要以创新尤其是科技创新作为驱动力，特别是加快推进数字经济发展，引导数字经济和实体经济深度融合，促进传统产业转型升级，从而创造新业态新模式、引领新需求，构建双循环新发展格局的战略拉力。

一、数字经济的概念与发展现状

党的十九届五中全会指出，要坚定不移建设数字中国，加快数字化发展。2017 年，我国政府工作报告首次提出数字经济概念，旨在通过数字化发展为我国产业转型发展提供新的活力，并通过科技创新提升传统产业内在价值。党的十九大报告提到"数字经济等新兴产业蓬勃发展"，并强调"加快发展先进制造业，推动互联网、大数据、人工智能和实体经济深度融合"。数字经济发展是新常态下中国经济发展新动能，是供给侧结构性改革需要培育和发展的主攻方向和关键动力，更是实现双循环发展格局的重要力量。

（一）数字经济的概念

数字经济是继农业经济和工业经济之后的又一经济形态。数字经济概念产生于 20 世纪 90 年代，最初是由经济合作组织提出的。数字经济发展真正进入黄金时代，是在智能手机和移动互联网出现并快速应用之后发生的。伴随着移动接入端的快速膨胀，全球范围内的网络连接产生了巨大的数据量，催生了云计算、大数据等海量数据分析技术及处理平台，通过对经济社会发展中产生的海量数据进行分析和提炼，形成有价值的知识再在经济社会发展中使用，产生了大量的新业态新模式，可以统称为"数字经济"。2016 年 9 月，G20 杭州峰会公布《二十国集团数字经济发展与合作倡议》，对数字经济作出了以下定义："以使用数字化的知识和信息作为关键生产要素、以现代信息网络作为重要载体、以信息通信技术的有效使用作为效率提升和经济结构优化的重要推动力的一系列经济活动。"

数字经济是互联网发展到成熟阶段后产生的经济形态，随着数字经济的深入发展，其内涵和外延不断演化。首先，数字经济是继农业经济和工业经济之后的一种新的经济社会发展形态；其次，数字经济是一种基础设施，数字经济不仅局限于技术层面和工具层面，而且是一种网络化的基础设施，像工业时代建立在电力、交通等物理基础设施网络之上一样，未来经济社会发展会建立在数字基础设施之上，并且传统基础设施在物联网技术支撑下也会全面实现数字化，进入万物互联时代；最后，数字经济是一种技术经济范式，从科学技术发展史看，数字技术是与蒸汽机、电力同等重要的通用目的技术，必然重塑整个经济和社会，重构各行各业的商业模式和赢利方式。

（二）数字经济发展现状

数字经济作为引领中国创新战略发展的重要力量，目前已经成为国家经济发展引擎并在生产和生活各领域全面体现。2015年7月，《国务院关于积极推进"互联网+"行动的指导意见》正式，对国内11个"互联网+"产业进行了重点布局，加速了传统产业升级步伐。在创新、协调、绿色、开放、共享的新发展理念指引下，我国数字经济快速发展，规模已达31.3万亿元，位居世界前列，占国内生产总值的比重达到34.8%。目前，数字经济作为新生业态正在深刻地改变着人们的生产和生活方式，成为带动经济增长的核心动力。

根据CNNIC发布的2020年第45次《中国互联网网络发展状况统计报告》数据显示，数字经济带动数字消费持续增长，截至2020年3月，我国网络购物用户规模达到7.10亿，占网民整体的78.6%，较2018年12月增长16.4%；2019年，全国网上零售额达10.63万亿元，同比增长16.5%，已连续7年成为全球最大的数字消费市场，其中，实物商品网上零售额为8.52万亿元，同比增长19.5%，占社会消费品零售总额的20.7%。在数字消费中，网络消费成为扩大内需的主力军。首先，新电商模式的创新发展释放了潜在内需消费，截至2020年3月，电商直播用户规模已达2.65亿，占直播用户的47.3%，通过电商直播，直播用户与网民可以实时互动并进行内容种草，从而激活用户的感性消费，提升购买转化率；其次，网络零售加速渗透下沉市场，不断激活农村消费，截至2020年3月，三线及以下市场网购用户占该地区网民比例较2018年12月提升3.9个百分点，农村网购用户规模达1.71亿，占网购用户的24.1%；最后，在线生活服务市场保持快速增长势态，移动支付带动在线餐饮、在线旅游、在线家政等网络服务蓬勃发展，持续推动服务消费。

数字消费稳步发展的同时，数字贸易也在不断提质升级。2019年，通过海关跨境电子商务管理平台零售进出口商品总额达1862.1亿元，同比增长38.3%。数字贸易政策和出口模式不断优化，一方面，跨境电商综合试验区范围进一步扩大，为外贸新业态新模式提供发展土壤；另一方面，跨境出口政策、模式不断完善，降低跨境出口运营成本，两者带动了跨境电商出口的发展。

联合国《2019年数字经济报告》显示，中国和美国所拥有的数字平台企业占全球70个最大数字平台市值的90%，中国数字企业全球影响力不断提升。截至2019年12月，我国境内外互联网上市企业总数为135家，较2018年12月增长12.5%，网信独角兽企业为187家，较2018年12月增加74家。同时，平台经济为产业数字化发展持续赋能，在需求端，平台企业不断推动商业模式创新和消费数字化；在供给端，平台通过数据驱动优化商品供给、提升供应链数字化水平等方式，为推动商品供给侧改革、提升生产制造效能和促进产业转型升级提供关键支撑。

作为一种复合型经济发展模式，数字经济具有很强的赋能效应，不仅能够推动自身的发展，还能优化资源配置。数字技术可以与制造业、物流产业及农业等传统产业进行深度融合，根据市场需求减少无效供给，推动商业模式再创新，创造出更多新业态，从而实现产业结构调整，助推传统产业升级，为双循环发展格局助力注能。

二、数字经济发展的根基：新基建

随着数字经济的快速发展，传统产业不断向数字化转型，与此同时，传统基础设施建设日益退潮，而新型基础设施建设，尤其是数字基础设施建设方兴未艾。2020 年 5 月，政府工作报告提出"加强新型基础设施建设，发展新一代信息网络，拓展 5G 应用，建设充电桩，推广新能源汽车，激发新消费需求，助力产业升级"。这是新基建首次出现在政府工作报告中，肯定了其在中国后续发展中的重要地位。但这并不是新基建第一次被提出，早在 2018 年 12 月，中央经济工作会议中提出"加快 5G 商用步伐，加强人工智能、工业互联网、物联网等新型基础设施建设"，基础设施被重新定义，新基建正式提出。

那么什么是新基建呢？从央视报道来看，新基建包括 5G、大数据中心、人工智能、工业互联网、特高压、新能源汽车充电桩、城际高速铁路和城市轨道交通七大热点领域。如果按照"新基建"发力方向可以将其总结成为三张"网"，一是以5G为核心的信息网，主要包括大数据云计算、人工智能、工业互联网等；二是以电力为核心的能源网，主要包括特高压、新能源充电桩等；三是以城轨为核心的交通网。

从发改委界定来看，新基建主要包括信息基础设施、融合基础设施、创新基础设施三方面内容。信息基础设施又可以分为通信网络基础设施（如5G、物联网、工业互联网、卫星互联网等）、新技术基础设施（如人工智能、云计算、区块链等）、算力基础设施（如数据中心、智能计算中心等）。融合基础设施主要是指深度应用互联网、大数据、人工智能等技术，支撑传统基础设施转型升级，进而形成的融合基础设施，如智能交通基础设施、智慧能源基础设施等。创新基础设施主要是指支撑科学研究、技术开发、产品研制的具有公益属性的基础设施，比如，重大科技基础设施、科教基础设施、产业技术创新基础设施等。

从上述分析可以看出，新基建是指以新发展理念为引领，以技术创新为驱动，以数据为核心，以信息网络为基础，面向高质量发展需要，提供数字转型、智能升级、融合创新等服务的基础设施体系。

新基建是经济社会发展的关键支撑，具有"一业带百业"的作用，将赋能传统产业数字化转型，是数字经济乃至新发展格局的底座。

数字经济的发展离不开数字基础设施，数字基础设施都需要相应设备和硬件制造，而这些设备的制造需要以人工智能、工业互联网等应用技术为基础的新制造来完成，这为我国制造业数字化转型提出了迫切需求。而且，数字基础设施的建设还为制造业等传统产业的数字化转型提供支撑。比如传统制造业的数字化改造和智能制造的发展离不开工业互联网的支撑。如东方国信通过 Cloudiip 工业互联网平台为全国 30%炼铁高炉建立了数字高炉 APP，促进炼铁高炉从冶炼配方、冶炼工艺到高炉能耗、高炉安全全方位的数字化转型，推动冶炼效率提升 10%，单座高炉冶炼成本每年降低 2400万元。由此可知，加快新基建有利于加速科技进步，促进制造业多方位转型升级。

三、数字经济发展的保障：工业互联网

随着 5G 时代的到来，移动互联网的技术与应用从消费互联网转至产业互联网，将对第二产业即工业产生巨大的变革。工业互联网是新基建的重要方向之一，也是数字经济的重要体现，通过发展工业互联网推动制造业转型升级已成为政府、企业、研究机构等各方的共识。工业互联网与工业经济的深度融合将催生更多新业态与新模式，不断变革传统工业场景与形态，助推产业转型升级。

（一）智慧工厂：实现全自动化生产，助力产业转型升级

5G 时代的工业互联网创新应用主要以智能制造为主攻方向，其高速率、低时延、高可靠、广连接的网络环境，帮助企业通过工业互联网提升其数字化、网络化、智能化能力，从而真正实现智能

制造。

海尔 COSMOPlat 作为"双跨"工业互联网平台，通过"5G+智能制造"解决方案的落地，实现 5G 机器视觉云化、"5G+AR"远程运维指导及 5G 智能设备管控等应用，实现了企业全自动化生产和远程管控。比如海尔冰箱互联工厂，在业界首次实现工业制造环境下云化机器视觉系统与"5G+边缘计算"的结合。该系统让企业实现生产环境下门缝检测、OCR 识别等应用场景，依靠 5G 的高速率特性，满足海量数据采集的要求，可以短时间内跨多个工厂，将数据汇聚到边缘云，完成深度学习和自优化，从而提高了产品检测的准确度，有力保证了产品的质量。这一技术未来还可复制及应用到智慧物流、智慧园区及智慧家庭等领域，成为赋能跨领域、跨平台、跨产业的工业互联网解决方案。

富士康工业互联网平台以核心制造为基础 +"雾小脑"（FogAI）+富士康工具机云 + 富士康云平台 + 工业 APP。富士康深圳龙华工厂"关灯工厂"于 2019 年初在瑞士日内瓦举办的达沃斯世界经济论坛上入选世界"制造业灯塔工厂"。这座"关灯工厂"已经基本做到熄灯状态下的无人自主作业，全部生产活动由电脑进行控制，生产第一线有机器人而无需配备工人。其对内外网进行了 5G 覆盖，部署 12 类"雾小脑"工业应用，直接提高了生产效率和智能化管理水平。在 5G 网络环境下，依托工业互联网平台，大量移动机器人依赖边缘视觉导航和远程视频监控，将机械手臂和机台进行精准快速对接，精加工车间对刀具磨损通过 8K 超高清工业摄像机进行监测及传送……在 5G 环境下，工业互联网的创新应用，让富士康工厂实现全程智能化、自动化生产，也引导整个产业的转型。

（二）智慧矿山：打造无人矿山，促进安全生产

矿业的地位举足轻重，但是传统开采方式存在很多弊端，无论露天开采还是地下开采，都有很大安全隐患。5G 时代，依托工业互联网打造智慧矿业，可有效提升矿业的生产效率、盈利水平以及安全管理水平。

包钢（集团）公司作为世界上最大的稀土工业基地和钢铁工业基地，以 5G 与工业互联网部署智慧矿山，实现了三个层面的创新应用：一是无人驾驶。矿车的无人驾驶、编组作业和采矿设备无人操作等，提升了生产效率和安全水平。二是无人机测绘。通过无人机高清测绘，分析地理数据，助力开采安排，优化采矿管理，防止出现滑坡等安全事故。三是调度系统。基于上述两个系统传送数据，对整个生产调度系统、作业流程进行优化。矿业的工业互联网应用对时延性要求非常高，以往很多远程监测和遥控场景需要通过有线网络实现，但是由于矿山地理环境复杂，并有大量移动设备和转动部件，有线传输具有很大的限制因素。而 5G 时代，通过 5G 移动网络可以实现远程控制、监测和数据传输，大幅释放工业互联网平台的智能管理能力，优化整个矿业生产管理流程。

山西霍煤庞庞塔矿井，借力"5G+工业互联网"布局，由"一张网、两中心、三平台和四应用"组成的智慧矿山，实现井上、井下的智能化操控及无人化值守，让矿产采掘变得更高效更安全。这其中包括传送带集控、无人值守；供排水实时监测、排水系统智能化控制；井下配电室无人值守；机房硐室无人值守，设备远程统一监控、启动等。通过全面感知、实时互联、分析决策、自主学习、

动态预测、协同控制，可以及时监测开采，识别危险因素，实时分析隐患并及时发现处置；在井上，建设了智能调度指挥中心，实现指挥中心大厅全局态势感知和统一资源调度等功能。

在国外，智慧矿山、无人矿山也正在快速发展，比如矿业巨头力拓集团在这方面已经较为领先，它可以通过远程控制中心遥控1000公里以外的铁矿石产区，实现各种自动化操作，包括无人卡车、无人火车和无人钻机等。对于国内外来说，智慧矿业未来都是一个重要的发展趋势。

（三）智慧港口：打造全自动化码头，优化港口运营管理

随着经济全球化不断推进，港口不仅是物流运输的中转中心、配送中心和仓储中心，而且成为区域腹地经济发展和对外开放的重要依托。通过5G与工业互联网应用，可以促进港口运营管理提质增效。

青岛港全自动化码头是工业互联网在港口场景的应用典范。在5G网络下通过工业互联网，实现岸桥、轨道吊自动控制操作、抓取和运输集装箱及高清视频大数据回传等应用，码头作业全流程智能调度和自动化现场无人化作业，实时设备监测，预判设备故障，进行预测性维护以及实现一站式港口服务。疫情期间，自动化码头的无人化、零接触、高可靠的优势更为凸显。这些都让港口运营实现提质增效，提升了管理水平，有效降低了运营成本。

目前，在5G的加持下，工业互联网正在越来越广泛地应用到各个行业，与各个细分行业进行深度融合，为产业发展提供全要

素、全产业链、全价值链的优化与提升，为各行各业发展赋能。

四、数字经济发展的科技支撑：人工智能

习近平总书记在中共中央政治局第九次集体学习时强调，人工智能作为第四次工业革命的核心引擎，是引领产业变革的战略性技术，是实现产业转型升级的重要资源和动力。当前，人工智能正在全球范围内蓬勃兴起，日益成为国际竞争的新焦点。据推算，全球人工智能市场规模将从 2015 年的 1684 亿元人民币增长到 2020 年的 6800 亿元人民币，年均增长 26.2%；我国人工智能产业发展更加迅速，市场规模预计从 2015 年的 112 亿元增长到 2020 年的 710 亿元，年均增长 44.5%。人工智能在不同产业的应用各不相同，推进人工智能与传统产业的深度融合，大力培育基于人工智能的新业态、新模式，将不断推动传统产业转型升级，从而优化供给体系、扩大内需市场、实现国内国际双循环。

（一）人工智能赋能农业转型升级

近年来，我国加快实施创新驱动发展战略和农业供给侧结构性改革，农业发展进入加快转型升级和培育发展新动能的新时期，利用人工智能技术推动农业智能化、现代化发展，已成为我国农业创新发展的必然方向。人工智能技术为农业发展注入了新活力，为农业转型升级提供了新动能，在农业生产的各个环节都有广泛的应用。

首先，在选种方面，由于种子的优劣对庄稼的种植与收获起到决定性的作用，所以如何选择优质的种子进行栽培是提升农业产量的重中之重。人工智能通过图像分析技术及神经网络等非破坏性的方法对种子进行准确的评估，对提高农产品产量和质量起到了保障作用。

其次，将人工智能识别技术与智能机器人技术相结合，可广泛应用于农业中的播种、耕作、采摘等场景，极大地提升农业生产效率，同时降低农药和化肥消耗。在播种环节，智能播种机器人可以通过探测装置获取土壤信息，通过算法得出最优化的播种密度并且自动播种。在耕作环节，智能机器人则可以在耕作过程中为沿途经过的植株拍摄照片，利用电脑图像识别和机器学习技术判断是否为杂草，是否是长势不好或间距不合适的作物，从而精准喷洒农药杀死杂草，或者拔除长势不好、间距不合适的作物。据测算，智能机器人的使用可以帮助农民减少90%的农药化肥使用。在采摘环节，美国一家公司开发了一款苹果采摘机器人，通过摄像装置获取果树的照片，用图片识别技术识别适合采摘的苹果，结合机器人的精确操控技术，可以在不破坏果树和苹果的前提下实现每秒一个的采摘速度，大大提升工作效率，降低人力成本。

最后，人工智能技术在畜牧业也得到了一定的应用。以畜禽的智能穿戴产品为例，它可以实时搜集所养殖畜禽的个体信息，通过机器学习技术识别畜禽的健康状况、发情期探测和预测、喂养状况等，从而及时获得相应处置，如日本一家公司开发了一款用于奶牛的可穿戴设备，它可以实时收集每头奶牛的个体信息。这些数据信息会通过配套的软件进行分析，采用人工智能技术分析出奶牛是否生病、排卵或是生产等情况，并将相应信息自动推送给农户，以得到及时的处理。

2017 年，我国首个农业全产业链人工智能工程"农业大脑"在武汉正式启动。"农业大脑"是基于农业全产业链传感矩阵的人工智能决策体系，其核心为物联网、云计算、人工智能等技术，通过把传感器嵌入到农业研、供、产、销、服务等各个环节，系统分析土壤和气候等数据，通过对农业环境与资源、农业生产、农业市场和农业管理等数据进行收集、处理和分析，从而对相关过程进行指导，实现跨行业、跨专业、跨业务的数据分析、挖掘及数据可视化，进而推动农业的转型升级。

由此可知，人工智能在农业方面的应用，不仅可以促进农业资源优化配置，还能够实现农业研供产销的数字化管理与决策，为农业转型升级赋能，推动农业向智能化、现代化方向发展。

（二）人工智能赋能工业转型升级

工业是人工智能应用最广泛的领域。在工业制造领域，人工智能为其注入了智能化的血液，不断推动工业企业向现代化迈进。

在工业机器设备方面，通过传感器，人工智能能够时刻了解到机器设备的生产情况，对设备运行中的情况做到实时监控，并通过建立故障模型，对可能发生故障的设备进行维修损失估计，选取其中损失最小的方案付诸实施。同时，人工智能可以通过对生产环节中的生产设备特点、环境特征以及原材料特性等影响因素的综合判断，做出最合理的故障诊断，由此大大节约了时间成本和资金成本。

在工业生产过程中，人工智能可以根据预先搜集的资料，对生产过程进行合理规划；基于生产过程中产生的数据，人工智能可以进行运算与分析，通过改造工业生产线，对后续的生产进行优化提升。针对一些重复性工作及危险性工作，人工智能还可以替代工人进行生产活动。

在工业质检方面，人工智能可以根据原材料的特性、生产设备的特点以及生产历史，设计针对性质检方案和质检精度，提升质检速度，克服传统人工质检速度慢、精度难以保证的弊端。同时，还可以有针对性地对产品进行质量检验，对可能发生误差的部分提高检验精度，并根据生产的差异对不同批次的产品设定不同的质检方案，从而减小质检成本。

而且，人工智能的独特优势可以有效解决工业生产中成本高、效率低等问题。德国 Fraunhofer 研究中心指出："人工智能可以将生产率每年提高 0.8%—1.4%。"同时，人工智能也使得满足个性化需求的定制生产成为可能，这将不断优化工业供给，使供给体系与市场需求更加匹配。

（三）人工智能赋能服务业转型升级

服务业智能化既是服务业的发展趋势，也是实现服务业转型升级的关键。通过人工智能技术捕捉市场信息、挖掘消费者偏好，使满足消费者的个性化需求成为可能，从而开发市场潜能，提升服务业的质量与效率。同时，人工智能技术能够带动新兴服务业发展，在教育、医疗、养老等领域，人工智能均显示出其优势与效益。

目前，人工智能与服务业已实现深度融合，人工智能的触角已经伸向了越来越多的服务行业。比如，在家居行业，智能家居系统为普通消费者提供人性化、主动管家式的服务系统；在交通方面，人工智能利用计算机仿真技术，通过监测人们出行的行为计算交通流，并可以模拟交通事故或恶劣天气，以此观测紧急情况造成的道路拥堵情况和对其他路段的影响；在个人助理领域，部分金融机构和服务公司尝试利用机器人做客户经理的个人助理，不仅可以与客户互动交流，介绍产品及业务，还可以引导客户办理业务；在餐饮、宾馆等行业，也较早地利用起了机器人来承担迎宾接待、点餐送餐等工作。

人工智能的强大优势在教育与医学领域得到了充分展现。人工智能在教育领域的应用，解决了传统教育中的信息不足、资源不均等问题，增加了全民接受优质教育的机会，使不同性别、社会地位、民族或文化背景的人都有机会享受公平、优质、个性化的终身教育，同时提高了教育管理的水平和效率。在新冠肺炎疫情期间，人工智能为落实"停课不停学、停课不停教"立下了汗马功劳。在医疗行业，人工智能技术解决了就诊手续烦琐、资源分配不均、医患矛盾突出等诸多医疗行业过去无法解决的问题，使智慧医疗走进普通百姓的生活，推动了医疗事业的繁荣发展。在新冠肺炎诊治中，人工智能技术展示出了独特优势，AI影像在CT读片中的运用大大缓解了一线医生的读片压力，AI影像参与新冠肺炎病毒病灶定量分析及疗效评价，提升了评价效率和准确率；会诊专家通过远程会诊系统，检查病人的病情，召集各方专家进行会诊，最大程度地减少了直接接触，大大降低了交叉感染风险；5G 云端抗疫机器人 24 小时在医院工作，替代医护人员完成特定区域的清洁消毒和药品配送工作。

人工智能技术在服务行业的应用进一步说明了人工智能强大的科技优势与广阔的市场优势，上述人工智能与服务业融合发展的经验，为我国人工智能赋能服务业高质量发展夯实了实践基础，并为服务业转型升级赋予了强大的科技动能。

第六章　构建双循环新发展格局的战略支点

推动形成以国内大循环为主体、国内国际双循环相互促进的新发展格局，是以习近平同志为核心的党中央根据我国发展阶段、环境、条件变化作出的战略决策，是事关全局的系统性深层次变革。在经济循环主导模式由国际大循环向国内大循环转变的同时，内循环是新格局的战略支点。脱贫攻坚到了决战决胜的时刻，国家的"三农"工作重点也开始从精准扶贫向乡村振兴转变。事实上，国家经济大循环战略的转变与"三农"工作重点的转变有着密切的逻辑联系，能否实现精准扶贫与乡村振兴的有机衔接在很大程度上决定了由以国际大循环为主体向以国内大循环为主体的经济发展战略的转变能否顺利实现，成为构建双循环新发展格局的战略支点。

一、国际大循环背景下的城乡统筹发展与精准扶贫

改革开放之初的中国，面临着指导国家中长期发展战略的重大选择。在发展目标上，是按照"三步走"计划，加快推进工业化，逐步建成社会主义现代化国家，而在具体的发展路径上却有着不同

的选择。在当时，中国经济发展面临着进一步走向成熟工业化阶段的现实需求与尖锐的城乡二元结构之间的巨大矛盾。

落后的农业国要想实现工业化，首要的任务就是进行资本的积累。在世界近代史上，资本积累大致有三种不同的方式：一是对外殖民掠夺，二是接受外国援助，三是基于工农业产品价格的剪刀差体制转移农业经济剩余。在 20 世纪 50 年代，殖民主义已经一去不复返，通过第一种方式进行资本积累已不可行；而接受外国的经济援助往往要附带政治条件，对于追求主权独立的国家也是无法接受的。因此，在新中国成立初期，留给中国的工业化资本积累道路只剩下了一条，即通过城乡分治，以农业支持工业，为工业化提供积累。于是，一套分隔城乡的二元经济体制被建立起来，包括人民公社制度、城乡户籍制度和粮食统购统销制度。在这套二元体制下，农业、农村和农民为国家工业化作出了重大贡献，中国初步建立起了一套完整的工业体系，实现了初步的工业化。但同时付出了巨大代价，到改革开放之初时，农村的贫困发生率高达 90% 以上。

到了 20 世纪 80 年代，中国经济发展面临的形势是，在人均收入水平很低的条件下，产业结构演进跃过了以轻工业为主导产业的发展阶段，形成了一个相对发达的重工业基础，但是从农业人口数量和所占比重来看，仍然处在一个较低的发展阶段，城乡二元结构突出。二元结构给未来的发展带来的主要矛盾主要体现在，产业结构向高度化演进与从农业中解放出来的剩余劳动力争夺有限的资金之间的矛盾。对此，一方面，如果选择继续按照改革开放之前的重工业优先发展战略，实现资本增密排斥劳动，用强制的办法阻止农村剩余劳动力转移出来参与工业化已经不可能；另一方面，如果允许大量农村剩余劳动力向城市转移，必然会降低工业部门的有机构成，促使制造业向轻型化偏斜，阻碍产业结构升级的步伐。

在众多的发展战略中，决策者选择了一种将农村劳动力转移纳入国际大循环，通过发展劳动密集型产业的产品出口，一方面解决农村剩余劳动力的出路，另一方面通过出口创汇为工业化积累资金，即走一条融入国际大循环实现出口导向型经济发展的道路。

这一战略构想可分为三个发展阶段：第一阶段，集中力量发展轻纺、食品、家电、轻工等劳动密集型产品出口，将这些产业主要布局在沿海地区。这一阶段需要暂时牺牲重工业自身的发展，支持沿海轻工业走出去，换得的外汇用于加强重工业的服务能力和引进技术，以进一步发展出口，同时还要加强内地的交通运输建设，为出口产业向中西部扩展提供条件。第二阶段，内地产品开始走向国际市场，劳动密集型产品创新能力增强，通过用大部分外汇支持基础工业和基础设施的发展，沿海地区产业逐步向资金密集型产业过渡。第三阶段，以出口换回的外汇支持附加值高的重加工业发展，资金、技术密集型产品开始走向国际市场，劳动密集型产品出口比重开始下降，中国的产业结构开始向高级化阶段迈进。

在沿海开放战略提出之后的 30 多年里，中国大体上按照这一构想不断融入全球价值链分工体系中。凭借着世界上规模最大、门类最全、配套最完备的制造业体系，中国在全球价值链中的参与程度不断提高，在全球价值链中的地位也不断上升。2012 年，中国贸易总额首次超过美国，成为世界贸易规模最大的国家；2017 年，中国的工业增加值在全球占比已由 2003 年的 6.8% 提升至 23.9%；2018 年，中国已经是全球 120 多个经济体的最大贸易伙伴。总体来说，中国按照沿海经济发展战略的设想，以积极的姿态承接发达国家的技术扩散和产业转移，依托自身丰富的劳动力要素形成低成本优势，一方面通过推动农民工跨区域转移，解决了中西部数以亿计的农村剩余劳动力参与工业化的问题；另一方面通过"低端嵌入"的方式快速而全面地融入全球价值链分工体系之中，并逐渐成为其中重要一环和枢纽节点。

但是，中国虽然从量上在国际产业链中占据重要的一环，但在质上大体仍然处在产业链中低端水平。在当前的全球价值链分工体系中，发达工业化国家负责产品的研发设计和销售渠道，资源型国家供给相对稀缺的能源和原材料，部分工业化国家和地区提供关键零部件等中间产品，最后由低要素成本的发展中国家加工制造成为最终产品。中国就处在这全球价值链"微笑曲线"的底部，更多地是依靠低要素成本承担产品加工的环节。而这一环节的优势，也主要是靠沿海地区凭借大量外来农民工形成的低劳动力要素、接近世界市场的区位优势和便利的海运条件，以及完善的产业集群和配套能力实现的。

更重要的是，这一融入国际大循环的发展战略，虽然促进了农村剩余劳动力的转移，却并没有真正带来城乡差距的缩小，也并未彻底解决城乡二元结构的问题。在某些领域，城乡二元体制甚至出现了局部强化的现象。例如，户籍制度改革出现异化，限制城乡人口流动的制度虽不复存在，但进城打工的农业转移劳动力在教育、医疗、社会保障等公共服务领域受到诸多歧视性待遇。在土地制度领域，一方面1982年宪法确立了城市土地属于国有、农村土地属于集体所有的二元所有制结构；另一方面1998年的新《土地管理法》

对土地用途及其转换做出了明确规定，城乡土地利用的二元分割由此形成。自此，城市国有土地的权能逐步拓宽，城市从事工业、商住以及公益性项目都可以征收农村土地，而农村土地只能用于农业生产经营，农地转为集体建设用地的空间越发狭窄。

在融入国际大循序的战略背景下，一切经济政策的目标都是尽可能高效地将劳动、资金、土地等生产要素配置到东部沿海地区和大中城市等对外贸易的窗口，促进出口创汇。对农村的公共政策基本也是围绕工业化城市化对农村的需求来制定的。在这样的战略导向下，农村成为城市粮食和工业原料供应基地，农业的发展即是农村的发展，农业的现代化等同于农民的增收，整个乡村社会的价值被忽视。在将农村视为农产品供应基地的战略导向下，"三农"基本上变为了"农业"的"农"，"农村"的"农"和"农民"的"农"是附属物，农业发展往往也窄化为粮食农业，多元化经营不被重视和支持，使得经营农业变得没有发展前途，大量农民开始离乡进城寻找非农就业机会，导致村庄凋敝、村务废弛。青壮年劳动力的流失使得乡村活力丧失，一些乡村逐渐沦为空心村，农民队伍沦为"386199部队"，离乡的农民工不得不忍受家庭的分离和候鸟式的城乡迁徙，自身全面发展机会也非常有限。应该说，城镇化带来一部分村庄衰退、消亡是正常的，也是世界城市化进程的一般规律，但在当下中国，乡村整体普遍破败，有的地方死寂一样地没有希望，则是不正常的。

党的十六大之后，中央作出了"两个趋向"的重大判断，中国的工农城乡关系发生了历史性转变，以工促农、以城带乡的城乡一体化体制机制逐步建立起来。2005年开始事实上的社会主义新农村建设在推进乡村物质文明和精神文明建设方面取得显著的成绩，农村已逐渐突破单纯的"农产品生产基地"的范畴。但是，整个村庄向何处去的问题仍没有解决。因为在以工业化和城镇化为中心的农村发展战略下，农村的现代化是被无视的，农村政策的主要目标，仍然是一方面围绕农业和农民增收，另一方面围绕要素怎么快速地配置到城市，而农村本身如何现代化，没有被提到议事日程上。因此，农村的现代化问题不解决，农村向何处去的问题也就无法解决。

在这一时期，致力于重构工农城乡关系的新战略——城乡统筹被提了出来。在统筹城乡发展的战略指导下，城乡一体化发展取得了显著的成绩：中央一号文件连续聚焦"三农"，使得"三农"工作成为全党工作的重中之重，深入人心。十几年来，国家建立起了覆盖全体农村人口的医疗和养老保障体系，取消了农业税赋，加大了扶农支农力度，加快了改革户籍制度。这些举措对城乡之间的公共资源均衡分配功不可没，城乡之间的公共政策差距在逐渐缩小，农村人均纯收入增长速度开始超过城镇居民可支配收入的增速。特别是 2013 年提出的精准扶贫、精准脱贫战略，更是统筹城乡发展的核心举措，它不仅在较短时间内基本消灭了千年以来的绝对贫困问题，更是构建起了一整套成熟的工业、城市反哺农业、乡村的体制机制和政策体系，对于保障农村持续稳定脱贫有着重要意义。

但是，统筹城乡发展的本质，是立足于城市来"统"农村，主要解决的是"城市有、农村没有"、两者差距太大的问题。城乡统筹以及精准扶贫，虽然对缩小城乡差距起到了重要作用，但没有解决城市与乡村两个空间在市场经济中平等发展的问题。在城乡统筹发展过程中，政府依旧占据主导地位，市场的力量发挥不足，这样最后导致的结果是用城市去统农村，农民没有利用土地等资源，充分发展经济，平等参与工业化、城市化的权利，农村自身产业窄化；整个要素的双向流动，包括土地、资本、劳动等，没有建立起来。在以工业和城市为中心的发展理念下，人们对城乡版块相互需求、共存共荣共生的认识也不足，甚至那种认为农村是城市发展的拖累的观念仍普遍存在，这导致在城乡互动中，总是城市文明统领乡村文明，按照城市发展的理念发展农村，城市和乡村两个板块并没有形成协调发展的格局，也使得城市高度繁荣、农村日益衰败的局面并没有得到根本改观。精准扶贫、精准脱贫虽然取得重大成果，但并未真正使得城市二元差距缩小，以致到了 2020 年，中国仍然有 6 亿人的月收入不足 1000 元，国内市场的有效需求严重不足，从而在全球化进程出现逆转之后，面临越来越严重的中低端制造业的产能过剩，债务日益高企，经济增长速度持续下行。

二、国内大循环背景下的城乡融合发展与乡村振兴

如果说融入国际大循环的目的是要解决东部沿海地区的工业结构升级与中西部农村剩余劳动力转移争夺资金的矛盾，那么在新冠肺炎疫情背景下中央提出国内大循环发展战略则是为了解决中国经济面向国际市场的中低端产品产能过剩与国内大量中低收入群体的有效需求不足之间的矛盾。

在国际大循环背景下，中国的沿海地区和主要工业城市形成了

以"大进大出、两头在外"为特点的加工制造业结构，并深度融入了西方发达国家主导的国际产业分工和全球价值链中，数以亿计的农民工与国际产业分工中的劳动密集型环节的高度结合，在使中国成为全球化越发不可替代一员的同时，也使中国对经济全球化的依赖程度日益加深。同时，鉴于中国在国际产业分工中的地位是附加值较低的部分，在沿海制造业企业中的农民工赚取的仅仅是能够维持劳动力简单再生产的工资，无法实现人力资本和社会资本的增长，也难以真正实现市民化转变，他们在为城市贡献完人口红利之后，将人口负债带回了农村。来自占总人口近50%的农村人口的有效需求不足，进一步倒逼中国加深了对国际市场和全球价值链的依赖。

2008年国际金融危机的爆发宣告了以美国等西方世界为主体的自由世界经济体系出现式微，全球化进程在经历了数十年的迅猛发展后出现了逆转的趋势。衡量全球化水平的指数如GDI占GDP比重、贸易总额占GDP比重自2008年之后均出现下降。近几年，由于成本、市场等因素，我国东部沿海地区的制造业，特别是中低端制造业，产生了向低成本国家或地区转移的需求。完整产业链的优势虽使中国保持了在全球产业链中无可替代的地位，但以美国为首的发达国家的"再工业化""制造业回归"战略以及中美经贸摩擦，都使得全球争夺制造业高端链条的竞争愈演愈烈，从而限制了中国向高端制造业的转型升级。面对中国的快速崛起尤其是国际社会地位及话语权不断的提升，美国政府试图在其主导的全球价值链分工中"边缘化"中国，以达到打压中国、维护其霸主地位的意图。2018年以来，美国政府通过加征关税、高筑贸易壁垒等手段在世界范围内挑起贸易摩擦，严重破坏了全球价值链，冲击全球范围内正常的产品贸易和资源配置。这一轮逆全球化进程所带来的全球产业分工链条缩短、供应链网络布局调整以及国际经贸规则重构，使得中国沿海地区出口导向型的制造业企业受损严重，并且使这一地区的制造业沿着全球价值链向上攀升的进程受到影响。2020 年新冠肺炎疫情的暴发，更是使本已岌岌可危的全球化形势雪上加霜。由于疫情初期中国东部沿海制造业企业在一段时间内出现停工，大量中间产品出口受阻，影响迅速波及全球下游产业，使世界更加清晰地认识到"产业链碎片化"条件下产能过于集中的风险，"去中国化论"再次甚嚣尘上。从新冠肺炎疫情暴发后几个月的情况看，东部沿海地区各省份的资本、劳动等生产要素均已出现了不同程度的外流现象。

本轮逆全球化进程加剧了 2008 年之后国际大循环战略下的经济结构失调。当外部市场持续萎靡时，国内 14 亿人口的超大规模市场却无法支撑起沿海地区的中低端制造业产能。这种现象的出现，源于长期的外向型发展将农村的劳动力、资金、土地等生产要素"统筹"到了更具外向型发展优势区位的沿海地区和城市，从而形成了制度性的农业衰败、农村凋敝、农民贫困。从某种意义上讲，落后的"三农"增大了农村对劳动力等生产要素的推力，促使经济加速形成刘易斯意义上的古典增长路径，从而使财富在少数城市部门和出口部门积累，贫困在广大农业农村部门积累。而在城乡统筹战略下，仅仅通过开发式扶贫和精准扶贫只能解决城市有、农村无，两者差距过大的问题，无法解决城市与乡村两个单元拥有平等发展权利的问题，难以从制度上改变生产要素的乡城单向流动态势。

从这个角度上讲，乡村振兴战略和城乡融合发展的提出，正是应对国际大循环战略日渐式微，急需启动国内市场潜力的必然之举。只有拥有一个现代化的农业，才能为工业化提供优质的原料和市场；只有拥有一个繁荣兴旺的乡村，才能为城市的发展提供广阔的腹地；只有拥有一个高素质和富裕的农民群体，才能为产业的高度化演进和城镇化的健康发展提供充足的要素和有效需求。在此基础上，原本以农村劳动力大量转移形成的低成本优势获得全球价值链分工中的中低端环节融入国际大循环的发展模式，将会转变为沿海地区自足国内市场寻求价值链攀升和制造业的进口替代，并形成与广大中西部农村经济腹地之间的国内垂直分工，带动欠发达农村地区加速发展，使其获得利用自身的劳动力、资金、土地等生产要素实现发展的机会。

如前所述，城乡融合不同于城乡统筹之处，在于是赋予农村与城市平等的发展权利，而非仅仅是通过反哺政策缩小城乡差距。因此，在最核心的"三农"政策上，通过实施激发乡村内生动力的乡村振兴战略，取代以反哺、援助为主要手段的精准扶贫战略就是应有之义。从城乡统筹和精准扶贫到城乡融合和乡村振兴，最本质的转变就是要实现劳动力、资金和土地等生产要素在城乡之间双向流动、均衡配置。

首先，实施乡村振兴战略、推进城乡融合发展要实现劳动力要素的城乡平等互动。要通过对户籍制度和基本公共服务体制的改革，解决城乡劳动力市场二元分割问题，促进劳动力要素平等互动。虽然近年来户籍制度改革在加快推进，但是农业转移人口市民化依然任重而道远。对此，一方面，要加快推进城市非户籍人口落户进度，落实国家发改委《2019 年新型城镇化重点工作》文件精神，放开放宽大城市、特大和超大城市的落户限制，深化"人地钱挂钩"的落户配套政策，同时大力推动居住证制度普及，使城市常住人口能够享受均等化的基本公共服务，给予农业转移人口市民化的稳定预期，改变其候鸟式城乡迁移的生活状态。另一方面，要在乡村振兴战略的背景下，畅通智力、技术、管理下乡的通道，加快完善支持第一代农民工返乡创业就业的培训和扶持体系，健全激励城市工商企业到农业农村投资兴业的体制机制，构建适应农业转型升级条件下的城市居民下乡投资创业的配套服务体系，推动建立服务于从农村走出去的党政干部、企业家、专家学者、文化名人、能工巧匠等有造福乡里、谋利桑梓情怀的各类人才返乡从事乡村振兴事业的制度安排，全方位提升乡村的人力资本存量水平。

其次，实施乡村振兴战略、推进城乡融合发展要实现土地要素的城乡平等互动。要改变目前这种农民"守着地，没地用"以及乡村的发展权受限的问题。在 20 世纪 90 年代之前，农民利用集体土地办企业、建城镇是被允许的，八九十年代农村乡镇企业的蓬勃发展也正是得益于这种对土地实行非农化利用的许可。但是，90 年代之后，随着各级地方政府纷纷推动工业园区建设，乡村工业的地位被迅速取代，乡镇企业逐步退出了历史舞台。与此同时，城镇建设速度陡然加快，土地城镇化蔚然成风。1998 年修订的《土地管理法》规定，工商业建设用地只能使用国有土地，而农村集体土地必须先经过征地，变为国有土地才能作为建设用地，同时土地的用途、规划、年度指标均由政府控制，地方政府实际上垄断了土地一级市场，从而在制度上为土地财政提供了保障。在这一过程中，利益受损的无疑是农民，由于农村利用自己的集体土地发展非农产业的权利事实上被取消，农地只能从事农业生产经营，使得农村产业发展逐步窄化，农民收入水平难以提高。对此，要建立完善农村土地转为非农化利用的体制机制，将利用土地谋发展的权利还给农民。一方面，应在符合规划和用途管制前提下，允许农民利用集体建设用地从事非农建设，并享有出租、转让、抵押的权利。尤其是作为城乡融合发展重点区域的城中村，其用地制度的改革首当其冲，应通过立法，允许城中村农民集体利用集体土地直接提供租赁房，既可以解决进城农民在城市的体面落脚和居住问题，又可以使城中村的原住居民获得财产性收入。另一方面，应对农地非农使用的增值收益进行合理补偿。对于在城市扩展过程中被动城镇化的农村居民，其在土地征用之后应得到公平、适度的补偿。土地的增值收益既要用于保证被征地农民在城市生活发展所需，还要用于帮助作为城镇化主体的跨区域转移农民工实现市民化。

最后，实施乡村振兴战略、推进城乡融合发展要实现资金要素的城乡平等互动。要健全对"三农"的投入保障制度，创新农村投融资机制，满足乡村振兴多样化的金融需求。近年来，农村商业银行体系的建立，虽然在一定程度上缓解了农村的资金短缺，但基于抵押贷款为主要形式的商业银行信贷模式仍然难以对缺乏抵押物的农民给予有效帮助，绝大多数农村地区商业银行的存贷比长期高于1∶1的水平，农民手中的流动资金不仅没有用于农村经济发展，反而形成对城市经济的反向补贴。此外，农村土地出让金收入也一直是"取之于农，用之于城"，有关统计显示，近10年来，全国土地出让收益在扣除征地和拆迁补偿等支出后，用于农业农村只有30％左右。对此，一是要健全适合农业农村特点的农村金融体系。应把握好农村金融发展的基本规律，推动农村金融机构回归本源，建立完善合作金融、互助金融等乡村内置金融组织，推广灵活多样的融资方式，更好地服务农民融资需求，把农村的钱留在农村。二是要引导城市工商资本下乡。工商资本是推动乡村振兴的重要力量，应落实和完善针对工商资本的融资贷款、配套补助、税费减免等扶持政策，在充分发挥工商资本参与乡村建设的积极作用的同时，保护好农民利益。三是要利用好土地出让收益。城市发展依靠"土地财政"，农村发展也要利用好土地资源。应落实中央一号文件精神，加快建立新增耕地指标和城乡建设用地增减挂钩节余指标跨省域调剂机制，将土地整理所得收益全部用于巩固脱贫攻坚成果和支持实施乡村振兴战略。

三、将精准扶贫与乡村振兴有机衔接

如前所述，精准扶贫是在统筹城乡发展以融入国际大循环战略的背景下，为解决农村因要素被单向度地抽离流入工业和城市部门而产生的农村制度性贫困问题而实施的一套"三农"发展战略。而乡村振兴是在逆全球化和出口导向战略不可持续的背景下，为解决产能过剩和国内有效需求不足的矛盾而实施的一套"三农"发展战略。从战略形成的逻辑上，精准扶贫和乡村振兴都是国家中长期发展战略的内生变量，是国家在经济发展的不同阶段对"三农"的地位和作用所形成的认识经历的不同阶段，因而二者具有紧密的联系，同时二者也存在着多方面的差别，需要一系列的政策过渡。

一方面，精准扶贫与乡村振兴有着紧密的联系。精准扶贫与乡村振兴都是在共同富裕的本质要求下，对农业、农村和农民的可持续发展进行重新部署和全面规划，都是以促进"三农"发展为最终目标。二者共同迫切需要通过改善和提升农村的基础设施建设、社会事业建设和落实农民就业等民生问题，协同推进农村的自然资源和历史文化资源开发、生态环境保护、乡风文明建设、乡村社会治理和乡村产业发展，最终建成强富美的社会主义新农村。精准扶贫与乡村振兴都是以优化资源、技术、人才和制度投入为实现方式。优化农村在公共教育和医疗资源、科技信息技术、专业技术与管理人才、金融保险和社会保障、土地管理与农业支持保护等资源、技术、制度和要素方面的投入，将是突破农村现有体制束缚、优化农村发展外部环境和激发农村发展活力的主要途径，也是精准扶贫与乡村振兴共同采取的手段。精准扶贫与乡村振兴都需要一系列的政策协同联动。在宏观政策背景下，两大战略的各项子政策相互间能以协同联动统筹农村在改革战略与规划间的有效对接、科技信息与农村产业在政策间合理衔接、人才培育引进与农民内生发展力提升在互促方面的连接，以互利共赢改进政策的供给质量、提高政策的供给效益，通过充分发挥宏观政策的主导作用，以集中化解在短时期内的"三农"主要矛盾并实现农村中长期发展目标。精准扶贫与乡村振兴都以产业发展作为实现乡村富裕的基本路径。立足本地的基础与资源优势发展特色产业、通过内外资源要素的优势互补推动农村的产业发展是精准扶贫和乡村振兴在实现农民脱贫致富目标上的共同选择。农村一二三产业融合发展，既能改善农民传统的生计方式，又能为之提供发展所需的资金和就业岗位，其在增强乡村的自我"造血"功能、突破农村的现实发展困境、促进贫困人口发展和化解脱贫人口的潜在返贫风险等方面发挥着重要作用。

另一方面，精准扶贫与乡村振兴也有着显著的差别，要实现二者的顺利衔接，需要从顶层设计和微观政策上实施一系列的协调联动。

其一，要使"三农"政策由针对贫困户的特惠政策向针对全体农村居民的普惠政策转变。近年来，围绕精准扶贫，制定了一系列到村到户的扶持政策，保障了农村贫困人口的生活和生产，确保每一个建档立卡贫困户都能得到精准的帮扶，实现精准脱贫。到了乡村振兴阶段，"三农"政策的范围应在此基础上大幅扩大，以实现扶贫资金逐步向非贫困户开放，激发全体农村人口的发展内生动力，实现农村社会综合发育水平的提升和农村群体整体发展能力的增强。对此，尤其要强化乡村基础设施建设，完善农村社会保障体系，健全在精准扶贫时期形成的旨在对贫困户精准识别而建立起来的民主监督制度和考核制度，将其推广运用到乡村振兴战略的实施过程中。要在全国范围内再识别出一批经济发展相对落后，产业基础相对薄弱的农村，予以重点帮扶，引导生产要素向这些地区倾斜配置。

其二，要推进乡村振兴主体与精准扶贫主体的有效衔接。虽然精准扶贫在实施中也强调要形成集专项扶贫、行业扶贫、社会扶贫、东西部协作扶贫等在内的多位一体大扶贫格局，但毕竟受帮扶对象范围的限制，动员的力量总体上有限。相对来说，乡村振兴战略由于面对的是全部乡村地区和占全国人口近一半的乡村人口，其战略实施客体的范围决定了乡村振兴战略是面向市场和各社会主体，鼓励社会各界发挥集体智慧的大战略，是要在更广的范围内动员全社会参与的行动。因此，推进乡村振兴主体与精准扶贫主体的有效衔接，不仅需要充分利用行政力量，实现政府和农村贫困人口的对接，还需要广泛吸收社会力量，并发挥市场机制的作用。对此，一方面，应建立健全激励机制，鼓励更多的专家学者、技能人才企业、社会组织机构等，通过下乡担任志愿者、投资兴业、捐资捐物等方式参与到乡村振兴与精准扶贫的工作中来，引导激励社会各界更加关注、支持和参与脱贫攻坚，构建以政府为主导、多元主体共同参与的脱贫攻坚与乡村建设模式；另一方面，要借助市场力量实现各类生产要素的高效率结合，持续增加农村贫困人口的经济收入，为乡村振兴建设提供不竭动力。

其三，要实现精准扶贫与乡村振兴在技术层面的相互补充。当前，大数据在推动农业现代化生产、完善建档立卡的信息化方面发挥了关键作用。乡村振兴战略与精准扶贫政策的有效衔接需要技术的相互补充，应将乡村振兴与精准扶贫的技术发展纳入国家农业信息化发展计划，形成纵向相连、横向相通的技术体系。在乡村振兴方面，要加快乡村地区的网络建设，引进信息技术人才，通过大数据分析农业发展市场需求，促进农村电子商务发展，并鼓励互联网企业建立产销衔接的农业服务平台，提升农业综合信息服务水平，加快农业科技成果的转化应用，走质量兴农道路。在精准扶贫方面，通过建档立卡和扶贫开发信息化建设，推进信息进村入户，完善精准扶贫数据库，实时记录扶贫成果，为建档立卡户精准退出提供数据支持和技术保障。在乡村振兴与精准扶贫的实际工作中，开展技术的相互补充，有利于实现工作的精准化与科学化，提高乡村振兴与精准扶贫各类资源的使用效率。

第七章　构建双循环新发展格局的动力源

构建以国内大循环为主体、国内国际双循环相互促进新发展格局，是中央着眼于百年未有之大变局和我国经济发展进入高质量发展新阶段，在经济发展战略导向上做出的一次重大转换。随着我国国内统一市场构建、消费多样化需求升级以及中等收入群体的崛起，以国内大循环为主已具备经济基础和客观条件。但启动构建双循环新发展格局，仍然需要对妨碍统一市场形成、妨碍需求潜力释放、妨碍供给体系优化的体制机制，进行一系列深层次的变革。党的十九届五中全会指出，把实施扩大内需战略同深化供给侧结构性改革有机结合起来，就是要用改革的办法为双循环提供支撑。深化改革，激发新发展活力，不仅是构建双循环新发展格局的题中应有之义，也是实现经济高质量发展的动力源泉。

一、构建双循环发展格局本质上要求深化改革

党的十八大以来，我国在扩大开放的同时积极推进改革，制度型开放新格局正在逐步确立。当前构建双循环发展格局的重心和难点，主要在于通过体制机制改革的办法，贯通生产、分配、流通、

消费各环节，加快构建统一的强大国内大市场，形成国民经济的良性循环。影响国内大循环的因素非常多，从其对体制机制的改革要求视角来看，既要通过改革破除影响国内统一市场构建的制度障碍，也要通过改革实现更高水平的供需动态平衡。

（一）构建国内统一大市场要求优化地方竞争机制

地方政府之间为经济增长而竞争，构成中国经济高速增长的秘诀之一，是近年来学界形成的较为一致的看法。地方政府之间竞争，形成了中国特色社会主义经济体制的重要制度安排。地方政府尤其是县际间通过层层分包的合约竞争促进经济高速发展。与企业之间的竞争类似，地方政府间的竞争，也成为我国市场竞争秩序的重要组成部分。竞争之下，"政绩锦标赛"带来的经济增长压力，使得地方政府竞争性地"有为"。有为政府为有效市场的运转，提供了重要保障和制度支撑，这是地方政府竞争促进经济高速增长的基本逻辑。

我国已由高速增长转向高质量发展阶段。经济发展的导向，重点转向了对经济发展高质量的考核；加快形成一个全国统一的强大市场，对高质量发展全局来说也越来越迫切。长期支撑经济高速增长的地方政府竞争制度，毫无疑问仍然会成为经济高质量发展的重要引擎。但是，要让地方政府之间在竞相为增长的高质量而激烈竞争的同时，努力参与构建全国统一的大市场，从现实来看也迫切需要优化地方竞争机制。

近年来，尽管我国在全国统一大市场构建方面取得了实质性进展，但在地方竞争的现有制度约束下，仍然存在一定程度的市场分割：一方面限制本地重要的要素资源流出，另一方面阻止外地商品或服务进入。在一定程度上，还存在地方保护主义，用行政性或经济性措施进行市场分割的现象还存在。在这样的情况下，劳动力、资本等要素在区域间的流动速度趋于缓慢，割裂和扭曲统一的国内市场体系。事实上，地方政府多样化的竞争行为背后，都面临着关键制度架构和体制机制的约束。要改变地方政府的竞争行为和竞争逻辑，必须通过改革的办法，形成有效的地方政府行为约束机制，使地方政府有参与构建全国统一的大市场的微观激励。

（二）实现更高水平的供需动态平衡需要依靠改革

近年来，与居民需求结构的快速变迁相比，供给侧确实表现出了一些结构性失衡的现象，供给结构对需求变化的适应性和灵活性明显不足。从需求来看，居民的消费结构发生了重大变化。2017 年，全国居民恩格尔系数为 29.39%，这是有统计以来恩格尔系数首次跌破 30%，2018 年和 2019 年该系数持续下降到 28.4% 和 28.2%，意味着食品之外的其他消费支出不断增加。从奢侈品等高端消费来看，中国消费了全球消费总额的 70% 以上，但 77.4% 消费发生在境外，需求外溢现象明显。

党的十九届五中全会指出，要优化供给结构，改善供给质量，提升供给体系对国内需求的适配性。在现实中，可观察到的现象是：一些企业缺乏改善供给的压力，一些有改善供给压力的企业缺乏改善供给的能力，一些有改善供给能力的企业又缺乏改善供给的动力，在一定程度上出现了"不想、不能、不愿"改善供给等多种现象。显然，这一任务的推进，离不开企业这个重要的微观主体。优化供给结构、改善供给质量，关键在于改变对企业供应改善行为的激励。

经济学理论表明，市场微观主体的经济行为选择，是制度约束和激励的结果。能否形成一种激励相容的制度安排，是市场微观主体能否改善供给的重要前提。所谓激励相容的制度安排，意味着这种制度体系能够让市场微观主体在追求个人利益的同时，同步实现宏观政策的总体目标。具体来说，要实现"提高供给质量、优化供给结构"这个宏观目标，就需要从机制设计的角度出发，用改革的办法，构建一套让市场微观主体愿意供给高质量产品的微观制度激励。

二、以深化改革助力双循环形成的政策着力点

以深化改革助力双循环新发展格局构建，要引导地方政府为高质量发展和统一市场建设而有效竞争，改革内外贸制度和流通体系以支持出口企业转内销，充分利用好强大的国内市场。同时，要通过改革改变"重生产、轻消费"的制度体系，为企业和企业家的创新与高质量供给提供有效制度激励。

（一）引导地方政府为高质量发展和统一市场建设而竞争

在目前的制度约束下，让地方政府为高质量发展和统一市场建

设而竞争，还面临着一些现实困境。主要的原因在于：让地方政府更大范围开放本地市场、重塑营商环境，推动经济体制相关改革，促进高质量发展，要付出改革成本。如果没有配套的改革举措，而是更注重发展速度、更关注本地市场的地方政府，很有可能成为现有规则下竞争锦标赛的"赢家"。

为了便于理解这个困境，可以考虑这样一种情形：地方政府 A 注重发展的质量和统一市场建设，地方政府 B 聚焦发展的速度和本地市场建设，在"高质量不易衡量、高速度却容易观察"以及"用隐性规则（因为不易观察）鼓励本地市场建设"的双重约束条件下，相对于改革成本高、发展速度相对慢（但质量高）的地方政府 A，改革成本低、发展速度快的地方政府 B 仍然可能是"政绩锦标赛"的胜出者。

表　地方政府"高质量"与"高速度"策略竞争均衡

竞争策略		地方政府 B	
		高质量、统一市场	高速度、本地市场
地方政府 A	高质量、统一市场	100，100	80，120
	高速度、本地市场	120，80	90，90

如上表所示，从博弈的角度看，地方政府 A 和地方政府 B 都同时面临着"高质量、统一市场"和"高速度、本地市场"的竞争策略。如果双方都采取"高质量、统一市场"策略，A 和 B 的收益都为 100，但（100，100）显然不是一个稳定的均衡解。给定地方政府 A 选择"高质量、统一市场"的竞争策略，地方政府 B 的最优策略是选择"高速度、本地市场"竞争；给定地方政府 A 选择"高速度、本地市场"竞争策略，地方政府 B 的最优策略依然是选

择"高速度、本地市场"竞争。地方竞争高速度、选择本地市场，在这种情况下就成为纳什均衡，地方竞争陷入"囚徒困境"格局。但是，从发展的全局看，地方政府 A 和地方政府 B 同时选择"高质量、统一市场"竞争，才是我们想看到的竞争结果。在这种情况下，形成一个"地方政府为高质量发展和统一市场构建而竞争"的自我实施（Self-enforcing）机制，是较为满意的结果。简而言之，在地方竞争博弈中，应该让高质量发展以及统一市场构建成为每个地方的竞争首选，从而使得"A 为高质量、统一市场而竞争，B 为高质量、统一市场而竞争"成为一个稳定的竞争均衡结果。

推动地方政府再竞争，引导其从竞争增长"高速度"到竞争发展"高质量"、从竞争建设本地市场到竞争"统一市场建设"，是新时代实现高质量经济发展的关键所在。因此，引导地方政府为增长"高速度"而竞争的传统地方竞争体制机制，也迫切需要一场新的变革。打破上述竞争"囚徒困境"格局，主要思路有两个：第一，改变地方政府为高质量发展和统一市场建设而努力的收益，让真正服务于双循环发展的地方政府在竞争中胜出。第二，改变影响地方政府竞争发展速度的传统"筹码"。传统竞争模式中，地方政府招商引资进行发展速度竞争，出现了许多与行政控制权相关的寻租行为，存在地方官员"寻租式放权"的现象。简政放权改革取消了原本由地方政府官员掌控的部分行政审批权力，靠"寻租式放权"吸引投资不再是地方官员的首选策略，地方官员则转向竞争性改善营商环境、更好服务企业。真简政、放实权，尤其是下放与行政审批等控制权相关的寻租权力，才能让地方政府为高质量发展充分竞争。

（二）改革内外贸制度和流通体系以支持出口企业转内销

在鼓励企业拓展国际市场的同时，支持适销对路的出口产品开拓国内市场，是构建双循环、利用好强大国内市场的一个有效实施路径。2020 年 6 月，国务院办公厅专门发布了《关于支持出口产品转内销的实施意见》。支持出口企业转内销，要厘清制约企业微观决策转型的关键障碍。

贸易经济理论分析表明，制度环境和贸易成本，是约束企业出口与内销微观决策的核心变量。一般来看，如果国内市场环境和法律体系不够完善，在省际之间从事贸易的成本甚至高于国际间的贸易成本，企业就会倾向于选择做外贸而不是内销。事实上，尽管近年来外贸便利化措施不断改进，但外贸占 GDP 比重总体上仍呈下降趋势。2006 年，我国进出口总额占 GDP 的比重高达 64.4%，2019 年这个比例已经下降至 31.8%。究其原因，主要是由于国内市场环境不断完善，制度性交易成本大幅下降，企业做内贸和外贸的贸易成本差额逐步降低，出口转内销的转换成本变得更低。这个逻辑和事实给我们的重要启示是：无论是出口还是内销，都是企业理性选择的最终结果，若要引导企业出口转内销，必须降低企业转型成本特别是企业做内贸的制度性交易成本，从而为企业出口转内销提供内在激励。

相对于从事外贸出口，企业转内销要承担系列制度性交易成本。主要体现在：第一，内外贸税费优惠差异问题。传统出口导向政策体系下，对出口产品给予了较多优惠政策。比如对综合保税区内的加工贸易企业，采取"境内关外"政策，进口材料和出口产品一般不予征税。但是，如果企业将产品转销到国内市场，进口税以及缓税利息等税费则需要补缴。在这种税制约束下，企业出口转内销的激励就被弱化。第二，知识产权和标准体系建设问题。经过多年的国际市场竞争，我国的部分出口企业实际上具有非常强的创新能力，也拥有较丰富的知识产权和技术研发储备，但由于国内知识产权保护力度不足，转内销时则可能需要承担被侵权的风险以及高额的维权成本。同时，部分出口企业的高质量产品转内销，还面临着低价低质产品的恶性竞争，在监管标准体系建设方面亟待提质和完善。第三，内贸流通制度问题。我国在相当长时间内采取内外贸分离的流通体制，国内市场流通效率低、市场交易成本高、对接国际市场难。近年来，内外贸一体化发展取得重大突破，但内外贸融合仍然存在一些短板，内贸流通的法律法规、标准、信用等制度体系仍有待健全，市场分割的现象在一定程度上还存在。企业出口转内销，要为此承担较高的制度性交易成本。

（三）以税制结构性调整为国内大循环体系提供制度引导

1. 改革"重生产、轻消费"的税制导向

培育完整内需体系，需要形成一个鼓励消费的政策环境，而关键就在于调整"重生产、轻消费"的税制导向，引导地方政府从根本上重视内需特别是消费。从当前税制结构看，我国税制长期以生产类型的税为主，增值税历来是生产税第一大税种。数据显示，增值税占税收收入比重从2012年的42%以来虽有下降，到2018年

仍达 39% 左右 ①，近 20 年这一指标平均也在 30% 以上。在一系列制度约束下，对地方政府而言，最优的创税行为选择，就是尽可能引入那些能创造较大增值额、进而带来较多增值税的生产能力，而不是更多引入那些能够促进消费的市场组织。改革"重生产、轻消费"的税制导向，是培育内需体系的关键。

2. 优化税制对企业创新行为的有效激励

现行税制对企业高质量供给的激励不足。企业高质量供给需要有研发活动作为技术支撑，但那些真正"卡脖子"的关键核心技术是要不来、买不来、讨不来的。从一般创新行为的经济性质看，创新具有高度不确定性。激发企业家精神、引入专业化分散化的风险资本是应对创新这类不确定性的重要制度安排。但现行税制对风险资本市场的支持仍然存在一些薄弱环节。增值税的制度设计在以工业为主的时代有合理性，但由于风险资本成功的高收益背后往往也有大量失败的负收益，如果对不确定性强的高收益课以重税，而对大量的负收益视而不见，税制对创新风险投资和长期资本形成的激励将会明显不足。

另外，从创新的实践逻辑看，企业技术升级有两条重要的实现路径：一种是通过市场机制外购蕴含先进技术的产成品或设备，实现被动技术升级；另一种是投入巨资进行自主研发，实现主动技术升级。具有高度不确定性的研发活动，企业到底是选择自主研发还是技术外购，这类微观决策仍然受到税制结构的影响。在既定的税制结构下，如果自主研发比技术外购的税负更低，税制结构就更鼓

---

① 郭庆旺：《减税降费的潜在财政影响与风险防范》，《管理世界》2019 年第 6 期。

励企业自主研发。企业进行自主研发会产生大量研发费用，现行税制虽已允许研发费用加计扣除，在一定程度上减轻了企业的所得税负担，但对企业研发活动的认定还存在进一步简化程序的空间。比如，企业产生的委托研发费用，在确认为研发费用之前，必须到科技行政主管部门进行登记。相比之下，企业选择外购技术、设备或产品，虽然采购成本也可能不菲，但却可以直接纳入增值税进项税额中实现抵扣，不需要再额外承担相关行政费用，因而这种通过外购促进创新的行为对企业成本的影响是相对确定的。从税制视角看，鼓励企业选择自主创新、减少技术外购依赖，仍存在制度优化空间。

（四）为关乎高质量供给的企业和企业家提供有效的激励

企业是市场经济最重要的微观主体，它们在较大程度上具体决定着供给质量和供给效率，而创新又是企业高质量供给的核心支撑要素。因此，优化供给的关键在于优化制度体系，特别是加快要素市场化改革。

1. 企业高质量供给需要准确市场价格信号引导

从企业层面看，形成高质量供给，都需要有市场价格作为重要的信号引导。市场价格机制本身就是一种信息传递机制，要素价格决定着企业投入要素的结构和偏好，企业会增加相对价格低的要素投入，减少相对价格高的要素投入。企业能否形成高质量供给的内在压力，在很大程度上受要素投入品价格影响。一般而言，要素价格水平低，企业创新压力就相对弱。在地方竞争的制度下，地方选择利用"免税减税"等各种优惠措施鼓励生产，在妨碍公平竞争的同时也扭曲了对企业高质量供给行为的激励。同时，地方也存在一定的自由裁量权，再加上地方对各类要素投入进行财政补贴，实际上改变了要素投入品的相对价格，使得原本在市场上无法盈利的低质量供给在补贴和优惠之下变得有利可图。对重要的资源投入品，政府还存在直接定价和价格管制。

以劳动力这个重要的要素投入为例，劳动力价格上涨的信号，激励着企业优化要素投入结构。2008 年国际金融危机后，东南沿海地区的企业，之所以做出"机器换人"这一转型升级的创新决策，在很大程度上是由于劳动力价格上涨传递的转型信号以及提供的创新激励使然。特别是随着近年来最低工资保障不断提高，企业有了更强烈的"机器换人"内在需求。这时，若对劳动力价格上涨再进行政府干预（比如给企业财政补贴以对冲劳动力价格上涨的压力），企业的转型升级与创新决策就容易被误导和扭曲。综合来看，要素和资源投入品价格，总体上呈现系统性低价的资源错配状态。在政府补贴的政策环境下，要素投入价格呈现人为低价，企业转型与创新的信号被人为扭曲，企业创新压力随之减弱。

现有制度约束也改变了企业的高质量供给行为激励。对企业自身而言，同"企业减少要素资源投入，改变要素资源的投入结构，更多依靠创新发展"的高质量供给生产模式相比，企业更多采用要素资源品高投入的生产模式，可能更具经济理性。在这种情况下，企业接收到要素和资源品市场传递的价格信号，存在一定程度的弱化甚至失真：在市场化的要素和资源品价格信号下，企业本来可以感受到市场传递的改善供给压力，但是在要素和资源品呈现系统性低价状态下，企业改善供给的倒逼机制被明显弱化。

2. 企业家是形成更高水平供需动态平衡之关键

在现代市场体系中，企业家是发现市场供需总量和结构不均衡最重要的主体。他们能够利用市场供需的结构性失衡所传递出来的信息，有效地组织生产、平衡供需，从而使得供给对需求变化表现出灵活性和适应性。因此，如果制度环境更容易激发和更好保护企业家精神，供需动态不平衡、大循环不畅通等问题，就相对更容易解决。

现行的制度体系，对企业家精神的激发和保护仍存在许多薄弱环节。一方面，个人所得税通常更多地强调对高收入群体进行累进式征税，但对于相对收入普遍较高的企业家群体而言，个人所得税的最高边际税率在国际上处于偏高水平，当前的个人所得税改革并未涉及最高边际税率的调整。同时，我国目前还没有专设资本利得税，对资本增值收益实际上征税偏低。比如对股票交易所得，实行免征个人所得税的政策优惠。另一方面，许多对企业创新发展至关重要的环节，目前难以进行增值税进项抵扣。如人力资源成本尚无法进行抵扣，使得大量以人力资本为主的"轻资产"科技型创新企业的实际增值税负担沉重；占社会保险比重近30%的由企业负担的五项社会保险费，也不能进行增值税抵扣；此外，企业融资贷款的利息支出，还没有被正式纳入增值税抵扣链条中，企业不能在进项抵扣，缓解企业融资高成本问题仍然有制度空间。企业家精神发挥依赖其对人力资源的使用和保障，许多企业发展也严重依赖贷款融资，但这些制度约束了企业家精神的进一步发挥，进而影响了国内大循环体系的畅通。

三、加快构建双循环新发展格局的改革策略

加快构建双循环新发展格局，离不开深化改革这个重要法宝。从改革的策略来看，当下的体制优化，需要聚焦以下几方面：优化地方竞争构建全国统一大市场，降低出口转内销的制度性交易成本，形成与经济结构相适应的税收体制，要素市场化改革激活微观主体活力。

（一）优化地方竞争构建全国统一大市场

推动地方政府再竞争，引导其从竞争增长"高速度、本地市场"到竞争发展"高质量、统一市场"，是加快构建双循环新发展格局的关键所在。地方政府之间的竞争，在当下仍然可以成为双循环新发展格局的不竭动力，但需要从顶层设计出发，进一步规范地方的竞争秩序，构建全国统一大市场。为此，可从以下几个方面着力：

第一，积极推动央地财权事权关系再调整，缓解地方政府竞争增长速度的制度性压力。引导地方政府为高质量和统一市场建设而竞争，需要一个宽松的竞争环境，在传统的"财权上升、事权下移"制度架构下，地方更容易面临财政赤字压力，地方政府为高质量发展而努力的激励也就容易被扭曲。当前，2016 年 8 月印发并实施的《国务院关于推进中央与地方财权事权和支出责任划分改革的指导意见》，有效缓解了地方政府间竞争发展速度的压力。未来，需要在更多领域调整和重塑央地事权财权关系，为地方竞争高质量发

展提供更宽松的竞争环境和更准确的制度激励。

第二，真简政、放实权，重点规范和限制地方政府干预生产要素市场的权力。对要素市场进行干预的政策，是导向地方竞争增长速度和本地市场的核心举措，恰恰也是影响地方竞争走出"囚徒困境"的关键所在。在竞争性招商引资压力下，地方政府曾为企业开出过许多程度有别、形式各异的优惠条件。这些优惠条件主要集中在对企业进行要素成本的补偿方面，典型如零地价供应、政府贴息贷款、税收免减和返还，等等。在高质量发展的新导向下，需要加快要素市场化改革，通过取消和限制部分行政权力，逐步矫正地方政府扭曲要素市场的行为，使得地方政府为营造优良的竞争环境再竞争。

第三，规范和协调地方政府的竞争秩序，重点治理地方政府的不公平竞争行为，为形成统一市场提供公平竞争环境。传统上的市场竞争秩序监管，主要针对市场中的微观主体。实际上，如前所述，地方政府自身也面临着严重的竞争不公平现象。在地方为高质量发展和统一市场建设而进行的制度改革过程中，这种不公平竞争的现象尤为严重。当前，国家发改委、财政部、商务部已开展清理现行排除限制竞争的政策措施，为各地进行高质量发展竞争创造了制度基础。未来，需要针对地方政府出台的各类政策，进一步落实好公平竞争审查制度，为地方政府之间的新竞争提供一个框架性准则。

（二）降低出口转内销的制度性交易成本

支持出口转内销，不只是应对国际需求短期冲击的临时举措，也是经济发展新趋势下出口企业自身的内在需要，更是顺应经济结构转型的主动选择。支持出口企业转内销，既要着眼短期进行政策调整，又要立足长期优化制度建设。短期可以从税收优惠、平台支撑、信息服务等方面，对出口转内销给予政策性调整和帮扶。长期则要加力推进内贸流通体制改革，加强知识产权保护，优化贸易监管体系和标准，不断降低出口转内销的制度性交易成本。

2020年新冠肺炎疫情暴发以来，我国逐步出台了一系列支持出口转内销的政策，企业从事内销的成本正在不断降低。一是税收优惠。针对加工贸易企业转内销，提供更有力的税收优惠并扩大了覆盖范围。从2020年4月15日至年底，暂免征收加工贸易企业内销税款缓税利息。与此同时，扩大了内销选择性征收关税政策试点的覆盖范围，至今所有综合保税区都可享受该政策优惠。二是平台支撑。多地政府开始与市场销售平台开展战略性合作，为出口转内销企业提供更便利的接入渠道，引导企业利用电子商务、专业展览等平台对接国内庞大的消费市场，降低了企业在市场上的搜寻成本。三是信息服务。为出口转内销企业所需要的金融保障、品牌建设等，提供更及时更优质的信息服务。在可预见的期限内，国际疫情影响短期还将持续，加大对出口转内销企业的临时性政策支持仍属必要。对此，要进一步探索实施更有吸引力的税收优惠，利用财政资金对出口转内销的企业提供多种形式的信用担保，出台更多能够促进产供销对接的优惠政策，完善相关公共信息服务，搭建内销展示交流平台，帮助企业利用好国内超大规模市场优势。

降低出口转内销的制度性交易成本，引导企业出口转内销，是长期优化经济结构的关键所在。一方面，要为内贸流通创新提供更具包容性的制度支持。国际贸易衍生出的各类保护交易的政策性金融产品，可以创新性大规模应用到内贸流通上来。比如国际上规范的支付方式、针对应收账款等各类信用保险，大大缓解了企业对外贸易风险，有效降低了企业的外贸成本。发展有助于降低国内交易风险的各类信用保险制度，为企业出口转内销提供融资、保险等综合解决方案，才能真正降低出口转内销的成本。另一方面，对于那些拥有自主研发能力的出口企业来说，转内销最关注的就是公平的竞争环境和高质量的标准体系。支持出口转内销，更应加强知识产权保护和高标准监管体系建设，扩大内外销产品"同线同标同质"实施范围，逐步建立内外销统一的制度和规则。完善内外贸一体化调控体系，促进内外贸法律法规、监管体制、经营资质、质量标准、检验检疫、认证认可等相衔接。对侵犯知识产权和恶性竞争进行坚决打击，利用更加公平的竞争环境降低企业出口转内销的不确定性，系统降低出口转内销的制度性交易成本。

（三）形成与经济结构相适应的税收体制

第一，建立与变化的经济结构相适应、与供给侧为主的宏观调控相适应的税收体制，改变传统上"重生产、轻消费"的税制导向。一方面，要充分认识到我国经济结构出现系统性转变。自 2013 年开始，我国第三产业 GDP 占比已经开始超过第二产业。2018 年，全年最终消费支出对我国 GDP 增长的贡献率高达 76.2%，在消费贡献为主的经济结构下，应逐步降低商品的消费税以鼓励消费，尤其是对那些随着时代变迁已由"奢侈品"转为普通消费品的商品。

另一方面，要认识到我国宏观调控重心从需求侧转移到供给侧这个重要的宏观背景。税制要更加服务于供给结构优化，服务于产业转型升级，缓解高质量供给的制度约束。间接税和直接税的比重结构，影响着地方政府发展经济的政策方向。我国间接税占比高，直接税占比低。对地方政府而言，虽然经济效益高、居民增收快，但直接税占比低，提高经济效益可能不如追求更多 GDP，促进居民增收也可能不如创造更多增值额。因此，降低间接税比重提高直接税征收比重，也是优化供给结构和质量的重要政策选择。

第二，形成鼓励企业更多选择自主创新的税收体制。确保让企业选择自主创新的税制成本尽可能低于技术外购的税制成本，为企业自主创新提供内在激励而不是外在鼓励。比如，对国内外关乎重大技术研发的设备一视同仁地免征增值税，为国内设备提供公平竞争环境。同时，也要优化更多支持创新过程而非创新结果的税制设计。将税收优惠的环节从下游创新产品的生产销售，逐步转向上游基础研究和新产品研发环节。短期需要进一步简化优化企业研发费用扣除的相关认定环节，降低制度性交易成本；长期可考虑用相对明确的税收优惠安排逐步替代研发费用税前加计扣除的传统做法，建立一套以研发环节和自主创新激励为重点的税收优惠机制。而对创新的结果，则宜更多交由市场机制对其奖励。

（四）要素市场化改革激活微观主体活力

第一，要素市场化配置为创新释放准确价格信号。深化要素市场化配置体制机制改革，才能为企业传递创新压力，提供准确的价格信号和行为激励。让企业真正感受到创新压力，政府应不断减少对要素价格的补贴，推进要素市场制度建设。在我国的市场体系建设中，近98%的一般商品和服务价格已经可以由市场决定。但相比之下，要素市场发育仍然是短板和薄弱环节。2017年，党的十九大报告已将要素市场化建设列为经济体制改革的两大重点之一；2019年，党的十九届四中全会提出，推进要素市场制度建设，实现要素价格市场决定、流动自主有序、配置高效公平的要素市场制度。2020年，党的十九届五中全会提出，破除妨碍生产要素市场化配置和商品服务流通的体制机制障碍，降低全社会交易成本。这一系列新举措，将在很大程度上解决企业创新压力不足的制度性难题。

第二，强化资本市场和创新型金融体系建设，为企业创新提供更好保障。在影响企业创新的知识产权领域，通过政府政策支持和市场化保险导向，为企业创新收益提供尽可能的保险保障机制，重点聚焦专利、商标和版权的保险保障。分散企业创新面临的巨大不确定性，要逐步降低风险资本入市门槛，为创新融资需求提供适宜的创新型金融体系支撑，进一步培育和提升企业的创新能力。

第三，完善创新激励机制，在创新贡献评价中更多引入市场化定价机制。在基础理论和关键核心技术攻关等创新领域，发挥新型举国体制优势，加大政府对这类公共产品研发的财政资金支持。在应用型创新领域，则需要更多引入市场化评价体系，由市场决定要素价格机制，减少对创新收益分配方式和分配结果的行政性干预。加快形成由市场评价贡献、按贡献决定报酬的激励机制。让创新主体合理分享科技成果转化的增值收益，为激发企业创新提供制度驱动力。

第八章　构建双循环新发展格局的新优势

面对正在来临的新发展阶段，如何实现国际循环和国内循环的相互促进，塑造国际合作和竞争的新优势，进一步提升我国对外开放的水平和层次，是构建新发展格局的关键领域和重点内容。

一、更高水平对外开放面临的新形势

（一）"十三五"时期我国对外开放持续扩大，共建"一带一路"成果丰硕

过去五年来，我国的对外开放取得了举世瞩目的重大成就。

1. 更高水平开放型经济新体制取得新进展

"十三五"时期，我国连续四年修订全国和自贸试验区外商投资准入负面清单。2017年，全国和自贸试验区外商投资准入负面清单条目分别为93项和122项；到2020年，全国负面清单已减至33项，比2019年压减17.5％；自贸试验区负面清单减至30项比

2019 年压减 18.9%。同时，我国持续优化营商环境，积极落实外商投资法及配套法规，全面取消各级商务部门针对外商投资企业设立及变更事项的审批或备案，不断提升外商投资自由化、便利化水平。根据世界银行发布的《2020 年营商环境报告》显示，我国营商环境在全球 190 个经济体中的排名上升到了 31 位，连续两年跻身全球营商环境改善最快的前 10 个经济体之列。另外，我国四次扩容自贸试验区范围，不断增加对外开放新平台。全国自由贸易试验区已由 4 个增加至 21 个。海南自由贸易港建设步伐不断加快。中国已经签署了 17 个自由贸易协定，涉及全球 25 个国家与地区。

2. 货物和服务贸易继续保持大国地位，双向投资水平不断提升

2019 年，我国货物贸易进出口总值达 31.54 万亿元，实现了 2017 年以来全球货物贸易第一大国地位的"三连冠"；服务贸易进出口总额达到 5.42 万亿元，连续六年保持世界第二，大国地位继续稳固。2016—2019 年，我国对外直接投资规模总计达 6344 亿美元，稳居世界前列；同期，我国实际使用外资 5349.5 亿美元。截至 2019 年 12 月，中国累计设立外商投资企业达 100.2 万家，累计实际使用外资金额达 2.29 万亿美元。

尤其需要强调的是，在新冠肺炎疫情的冲击下，2020 年前三季度，我国货物贸易进出口 23.12 万亿元人民币，实现了同比正增长，达到 0.7%，其中，第三季度全面反弹，同比增长达到 7.5%。实际使用外资仍然同比增长 5.2%。另外，作为推进"一带一路"倡议的标志性成果，中欧班列在疫情期间仍然取得了优异成绩。

2020年1月至11月5日，中欧班列开行量已经超过了2019年全年水平，达到10180列。这一期间，中欧班列运送货物达到92.7万标箱，同比增长54%，往返综合重箱率达98.3%。目前，中欧班列已经通达欧洲21个国家的92座城市。

3."一带一路"建设迈向高质量发展阶段

截至2020年11月，中国已经与138个国家、31个国际组织签署201份共建"一带一路"合作文件。2016—2019年，中国对"一带一路"沿线国家的货物进出口额达到4.6万亿美元，占外贸比重提升到29.4%；直接投资为721亿美元，占比提升到13.7%。同时涌现了一系列包括基础设施在内的综合效益好、带动作用强的重大项目，基本形成了"六廊六路多国多港"的互联互通架。中国成功举办两届"一带一路"国际合作高峰论坛，设立了中国—上海合作组织等经贸合作示范区，境外经贸合作区的建设水平不断提升。

（二）尽管外部环境日趋复杂，不稳定性不确定性不断增加，但外部世界的总体和平仍然构成了我国建设更高水平开放型经济的基石

关于新发展阶段我国所面临外部环境的判断，对于建设更高水平的开放型经济具有先决性意义。总体来看，当今世界在经历百年未有之大变局，和平与发展仍然是时代主题，人类命运共同体理念深入人心。在新一轮科技革命和产业变革中，发展中国家在很多领域和发达国家开始同台竞技，一系列具有原创性意义的重大科技和产业成果不断涌现，以及经济领域的以中国为代表的新兴力量和发展中国家群体性崛起，使得各类经济指标的全球占比不断下降的发

达国家日渐表现出失落情绪和复杂心态。"一家独大"的单极世界正在成为历史，协同共治的多极世界已经成为世界潮流和趋势。这些在近一两百年人类历史上不曾有过的深刻变化真实地展现在了人们面前。不过，尽管出现了以中美贸易摩擦为典型形式的逆全球化现象，而且在新冠肺炎疫情的冲击下，逆全球化趋势变得更加复杂，由此产生的单边主义、保护主义、霸权主义使得中国发展所面临外部环境的不稳定性不确定性明显增加，出现区域局部冲突的可能性亦在上升，但是，已经跃上新的大台阶的综合国力决定了只要我们保持战略定力，踏踏实实办好自己的事，外部世界的总体和平依然能够成为新发展阶段我国建设更高水平开放型经济，打造国际合作和竞争新优势的基础性判断。

（三）以国内大循环为主体，实现国内国际双循环相互促进势在必行

国际经验表明，全球化时代的任何一个人口大国，其现代化的重要标志之一必然是国内大循环主导下的高度开放、安全和自由流动经济发展格局。2019 年，我国社会消费品零售总额同比增长 8％，达到 59700 亿美元，略低于美国同期社会消费品零售总额为 62376 亿美元，同比增长 3.6％。我国人均社会消费品零售额为 4260 美元，远低于美国 19000 美元。随着全面建设社会主义现代化进程的推进，我国城乡居民人均收入将再迈上新的大台阶，以社会消费品零售总额为代表的内需市场规模将实现大的跨越，从而为国际投资、产品和服务流动提供了更大的舞台，为全球资源要素流动提供

更大的汇集地，为世界经济增长提供更大的空间。

没有对外开放，就没有中国全面建成小康社会的决定性成就。同样，没有对外开放，就不会基本实现社会主义现代化和全面建成社会主义现代化强国。苦练内功，构建高水平国内大循环体系，并为建设更高水平开放型经济奠定坚强基石；而国际循环的更高水平畅通又将为国内生产、分配、交换和消费等环节形成更为良性的运转体系提供重要的外部性支撑。二者的有机融合是发展的新路径、改革的新方向、创新的新领域，将为第二个百年目标的胜利实现提供不竭的动力，将为真正构建人类命运共同体作出更大的贡献。

二、更高水平对外开放的新目标

新发展阶段构建新发展格局的内在要求必然赋予对外开放更为雄壮的历史重任。要把对外开放的历史重任转化为现实，科学合理确定目标是系统思考和顶层设计战略路径、重大部署、重点任务的前提。

（一）到 2035 年，我国对外开放的目标

2021 年至 2035 年是新发展阶段的第一个战略安排时期。这一时期对外开放目标的科学合理性和可行性不仅关系到我国能否基本实现社会主义现代化，还关系到第二个百年目标的成功与否。

党的十九届五中全会提出，到 2035 年，要形成对外开放新格

局，参与国际经济合作和竞争新优势明显增强。我们认为，其内涵至少包括以下方面：第一，开放型经济新体制的创新要适应新发展格局要求，贸易和投资的自由化便利化程度要达到中等发达国家水平；第二，"一带一路"倡议和人类命运共同体意识得到更多国家和地区的认同，基于新发展理念的高质量发展进入新阶段；第三，深入融入全球经济治理体系，国际话语权不断增强，能够在国际舞台有效发出"中国声音"，并得到广泛回应；第四，国际经济合作和竞争新路径、新举措不断创新，产业基础高级化、产业链现代化水平大幅提升，基于新业态新模式的全新竞争方式和手段不断涌现，产业组织和企业形态不断优化，培育出一批世界一流企业。

（二）"十四五"时期我国对外开放的目标

作为新发展阶段的第一个五年，"十四五"时期我国对外开放目标的制定意义重大，它对于能否有效动员和激励全党全国各族人民，战胜前进道路上各种重大外部风险与挑战具有深远意义，对于能否为基本实现社会主义现代化开好局、起好步至关重要。为此，要在2035年对外开放远景目标的逻辑框架下，综合考虑国内外发展趋势和我国发展条件，基于未来五年我国可能面临的重大问题，在继承的基础上积极创新，努力开拓，探索"十四五"时期对外开放新境界。

中国开放的大门不会关闭，只会越开越大。在对外开放的历史进程中，体制的改革和创新是引领全面开放新格局形成的第一动力。党的十九届五中全会提出，"十四五"时期，对外开放要迈出新步伐，推动更高水平开放型经济新体制基本形成。这是对十九届四中全会所提出的"建设更高水平开放型经济新体制"要求的目标发展和深化，也针对当前各种重大外部风险和挑战的一场自我革命。面对可能出现重大变化的外部环境所带来的各种风险和挑战，我们能做到的首先就是保持战略定力，自我革命，办好自己的事，以改革促开放、促发展、促创新。正是通过这场自我革命，才能为提供与基本实现社会主义现代化和全面建成社会主义现代化强国的内在要求相适应的开放体制基石。

三、打造国际合作和竞争新优势，开拓合作共赢 新局面的重大举措

"十四五"时期，要坚持实施更大范围、更宽领域、更深层次对外开放，依托我国大市场优势，打造国际合作和竞争新优势，促进国际合作，实现互利共赢。

（一）建设更高水平开放型经济新体制

"十四五"时期的对外开放目标，实际上已经为今后五年规定了打造国际合作和竞争新优势，开拓合作共赢新局面的第一要务：在全面对接国际高标准市场规则体系进程中，构筑起我国的更高水平开放型经济新体制。

1. 全面提高对外开放水平，推动贸易和投资自由化便利化，推进贸易创新发展，增强对外贸易综合竞争力

对外开放是一国现代化的基本要义。全面提高对外开放水平，进一步推动贸易和投资自由化便利化，成为迈向强国征程的必经环节。当前，与发达国家相比，我国的贸易和投资自由化便利化水平还存在一定差距，营商环境亟待进一步改善。尽管按照世界银行排名，我国营商环境跃居全球第 31 位，但总体得分还只是达到了全球最佳水平的 77.9%，很多指标如纳税、跨境贸易、办理破产、办理建筑许可、保护中小投资者、开办企业等的排名仍需改进。为此，"十四五"时期，推动体制和政策的系统性优化与创新，积极促进内需和外需、进口和出口、引进外资和对外投资协调发展，已经迫在眉睫。尤其是，现阶段，亟待完善内外贸一体化调控体系，促进内外贸法律法规、监管体制、经营资质、质量标准、检验检疫、认证认可等相衔接，推进同线同标同质。另外，通过深化贸易科技、制度、模式和业态等方面的创新，大力发展跨境电商、市场采购贸易、外贸综合服务等，不断优化国内国际市场布局、经营主体、商品结构、贸易方式等，加快外贸转型升级基地、贸易促进平台、国际营销体系等方面的建设，提升出口质量，增加优质产品进口，推动贸易创新发展，切实增强对外贸易综合竞争力，建设贸易强国。

2. 在更高水平上创新法律制度和政策体系，实现高质量引进来和高水平走出去

当前，要继续深化和完善外商投资准入前国民待遇加负面清单管理制度，有序扩大服务业对外开放，引导外资更多地向先进制造业和现代服务业等领域开展投资；切实贯彻落实《外商投资法》及

相关配套法规，依法保护外资企业合法权益，同时健全促进和保障境外投资的政策和服务体系，进一步改善营商环境，夯实高质量引进来的规则基石；坚定维护中国企业海外合法权益，越开放就要越重视安全。要坚持独立自主和对外开放有机结合，强化底线思维，维护国家主权、安全和利益。同时规范企业海外经营行为，实现高水平、好形象走出去。

3. 完善自由贸易试验区布局，赋予其更大改革自主权，稳步推进海南自由贸易港建设，发挥好中国国际进口博览会等重要展会平台作用，建设对外开放新高地

我国已经设立的 21 个自贸区和海南自由贸易港成为探索更高水平开放型经济新体制的试验田。"十四五"时期，要积极总结现有自贸区的制度创新经验，赋予其更大的改革自主权，加强差异化探索，形成各具特色、各有侧重的试点格局，同时，要完善自贸区的区域布局，推动更多自由贸易试验区在不同地区的落地。2020年 6 月 1 日，中共中央、国务院印发了《海南自由贸易港建设总体方案》。未来五年是稳步推进海南自由贸易港建设的关键时期，要以贸易投资自由化便利化为重点，着眼于打造法治化、国际化、便利化营商环境，促进要素跨境自由有序安全便捷流动，推动经济高质量发展，探索经济全球化和构建人类命运共同体新路径，分步骤、分阶段建立起系统性的中国特色自由贸易港政策和制度体系。中国国际进口博览会已经成为新时代我国对外开放的重要里程碑，"十四五"时期，要使中国国际进口博览会成为国际采购、投资促进、人文交流、开放合作等领域更大、更重要的平台，成为全球共享的重要国际公共产品。另外，要大力培育更多高水平、有国际影

响力的展会平台。如中国进出口商品交易会、中国国际服务贸易交易会等。

4.稳慎推进人民币国际化，坚持市场驱动和企业自主选择，营造以人民币自由使用为基础的新型互利合作关系

近年来，人民币国际化取得显著进展，人民币的支付功能、储备功能、投融资功能、计价功能，以及基础设施建设等都得到了较大发展。不过，也要认识到，与世界其他主要货币相比，人民币国际化所需要的各项要件仍需系统性提升，尤其在今后一个时期可能会遭遇更多外部环境挑战的情况下，要充分考虑国际化步伐和金融安全的关系，稳慎推进人民币国际化非常必要，也非常迫切。在人民币国际化进程中，市场需求和意愿非常重要。应根据新发展格局的建设进程，依据市场规则和市场接受度，由市场主体自主选择，构筑以人民币自由使用为基础的新型互利合作关系，推进人民币国际化。

（二）推动共建"一带一路"高质量发展

近年来的实践和成就表明，"一带一路"倡议真正切实受到了广大发展中国家和部分发达国家的欢迎，我国的朋友圈越来越大。"十四五"时期，我国要实行更加积极主动的开放战略，继续坚持共商共建共享原则，秉持绿色、开放、廉洁理念，深化与各个国家及国际组织的务实合作，加强安全保障，促进"一带一路"相关国家共同发展。

1.推进基础设施互联互通，拓展第三方市场合作

近年来，"一带一路"沿线国家的基础设施联通水平不断提升，为各个国家实现联动发展提供了基础。"十四五"时期，要继续建设高质量、可持续、抗风险、价格合理、包容可及的多种类基础设施，进一步优化国际物流和贸易的互联互通网络，大力发展"丝路电商"；通过完善第三方合作机制，推动我国企业与各国企业间的优势互补，在重大项目、境外经贸合作区等领域，共同为第三国经济发展注入新动能，创造"1+1+1>3"的共赢局面。

2.构筑互利共赢的产业链供应链合作体系，深化国际产能合作，扩大双向贸易和投资

基于各国禀赋的国际分工形成丰富多元的产业链供应链体系，是经济全球化的必然结果，各国在全球产业链供应链体系中是合作互利共赢关系，而非"赢者通吃"，尤其是在各类全球性重大风险事件突然发生的情况下，加强产业链供应链的国际合作更为重要。中国已经与相关国家签署了40多个产能合作文件，与东盟、非盟、拉美和加勒比国家共同体等区域组织开展机制化产能合作。"十四五"时期，要通过国际产能合作，扩大双向贸易和投资，实施贸易投资融合工程，积极建设包容普惠、互利共赢的产业链供应链合作体系，在合作中创造机遇，让各国人民共享经济全球化和世界经济增长成果。

3.坚持以企业为主体，以市场为导向，遵循国际惯例和债务可持续原则，健全多元化投融资体系

无论是基础设施互联互通，还是国际产业链供应链建设，都需要长期的投融资支撑。对此，要着眼于可持续健康要求，遵循国际

惯例，依据市场选择，坚持多元化和安全方针，完善投融资体系。

4.推进战略、规划、机制对接，加强政策、规则、标准联通

"一带一路"倡议提出以来，很多国家都提出了相应的战略和规划与之对接，例如，哈萨克斯坦"光明大道"新经济计划、"欧亚经济联盟"、"容克投资计划"、越南"两廊一圈"等。正是这些战略、规划和机制的推出，使我国和"一带一路"相关国家的共商共建共享变得更为顺畅。"十四五"时期，国内外形势的变化决定了各国围绕"一带一路"倡议所制定的战略、规划和机制均需要进行完善，一系列的政策、规则和标准亦需要进行调整。在调整过程中，我国应努力接受被国际社会普遍认同的政策、规则和标准，不断提升软联通水平。这一完善和调整的进程必然是不同国家之间不断沟通和交流，进而对接和联通的过程，以避免出现不协调、不一致的现象。

5.继续深化我国和"一带一路"相关国家的合作

我国和"一带一路"相关国家在公共卫生、数字经济、绿色发展、科技教育等领域的合作，促进人文交流，讲好中国故事，努力推动相关国家人民之间的相互理解、相互包容、和平共处、共同发展。

（三）积极参与全球经济治理体系改革

在世界百年未有之大变局和日趋复杂的国际环境中，全球经济治理体系进入大变革时代。尤其是突如其来的新冠肺炎疫情再次凸显了全球治理存在的短板。习近平主席指出，后疫情时代的国际秩

序和全球治理，应该遵循共商共建共享原则，坚持多边主义，坚持开放包容，坚持互利合作，坚持与时俱进。

1. 完善经济全球化的治理架构体系

坚定维护以规则为基础、透明、非歧视、开放、包容的多边贸易体制，坚决反对单边主义、保护主义，保障发展中国家发展权益和空间，促进国际经济秩序不断迈向平等公正、协商合作、互利共赢。加强以联合国为核心的国际体系，维护以国际法为基础的国际秩序；支持世界贸易组织改革，增强其有效性和权威性，促进自由贸易；推动二十国集团继续有效发挥其国际经济合作与引领功能；推动国际金融体系改革，提高发展中国家代表性和发言权，增强参与国际金融治理能力；深化金砖国家、亚态经济合作组织、上海合作组织、澜湄合作等区域次区域组织合作。

2. 推动新兴领域经济治理规则制定

新一轮科技革命和产业变革的深入发展产生了诸多全球经济治理的新兴领域，如数字经济等。当前，这些领域的国际规则和标准大都处于空白状态。参与规则和标准制定的意愿、能力、程度和水平，决定着未来我国能否共享开放、安全、公平竞争的全球新兴领域发展环境。中国愿以《全球数据安全倡议》为基础，同世界各国探讨并制定全球数字治理规则，支持以开放和包容方式，围绕人工智能加强对话，探讨制定法定数字货币标准和原则，妥善应对各类风险挑战。

3. 构建面向全球的高标准自由贸易区网络

立足于积极参与多双边区域投资贸易合作机制，大力实施自由贸易区提升战略，构建面向全球的高标准自由贸易区网络，是新发展格局下促进国际循环和国内循环相互融合，实现高水平对外开放的重要路径选择。今后一个时期，要积极推动 RCEP 的生效实施，升级相关自贸协定，与更多有意愿的国家和地区开展高标准自贸协定谈判，提高贸易投资自由化便利化水平，促进区域经济一体化，开辟打造国际经合作和竞争新优势的更大空间。

第九章　构建双循环新发展格局的空间新布局

　　2020 年两会期间，习近平总书记在看望参加政协会议的经济界委员时强调，要逐步形成以国内大循环为主体、国内国际双循环相互促进的新发展格局，培育新形势下我国参与国际合作和竞争新优势。2020 年 7 月 30 日，中央政治局会议提出，要"加快形成以国内循环为主体、国内国际双循环相互促进的新发展格局"。新发展格局是全球经济面临发展趋势的不确定性，我国在经济发展中全面统筹国内国际两个大局，达到以我为主、内外兼修，积极保障经济安全，谋划新增长空间，推动我国从传统的国际经济均衡模式转向新的国内国际双循环模式。这是基于国内发展形势、把握国际发展大势做出的重大判断和重要战略选择。从经济发展的本质来看，构建国内国际双循环相互促进的新发展格局，是利用好国内国际两个市场持续推进我国高质量发展的必然要求。

　　促进区域协调发展并加快形成高质量发展的区域经济布局，是推动高质量发展的需要，也是构建现代化经济体系的需要，更是构建以国内大循环为主体、国内国际双循环相互促进的新发展格局的需要。要在新增长极、新动力源中寻找扩大内需的机会和空间。一方面，创新发展思路，促进区域经济协调发展和布局优化，以培育新增长极和动力源"拉动"内循环。要研究把握区域经济发展的新特点、新趋势，制定符合自然规律、经济规律和社会规律的区域治理体制机制。另一方面，立足资源要素禀赋，通过城市群都市圈建设进一步增强中心城市和城市群等经济发展优势区域的经济和人口承载能力，合理安排城市群内部结构，形成以超级大城市、都市圈、城市群多重嵌套、分工协作的新格局，促进形成优势互补、高质量发展的区域经济布局。

一、推动国家重大区域战略融合发展

十九届五中全会指出，"坚持实施区域重大战略、区域协调发展战略、主体功能区战略，健全区域协调发展体制机制，完善新型城镇化战略，构建高质量发展的国土空间布局和支撑体系"。我们要以区域协调发展为总战略，继续深入实施区域发展总体布局，促进国家重大区域战略的统筹对接和深度融合。在坚持四大板块区域总体战略的同时，京津冀协同发展、长三角一体化建设和粤港澳大湾区建设等重大区域发展战略则会更加注重培育形成发展动力，长江和黄河两大流域更加强调生态保护，为全国可持续发展提供保障。

推动国家重大区域战略融合发展。以"一带一路"建设、京津冀协同发展、长江经济带发展、粤港澳大湾区建设等重大战略为引领，以西部、东北、中部、东部四大板块为基础，促进区域间相互融通补充。以"一带一路"建设助推沿海、内陆、沿边地区协同开放，以国际经济合作走廊为主骨架加强重大基础设施互联互通，构建统筹国内国际、协调国内东中西和南北方的区域发展新格局。以疏解北京非首都功能为"牛鼻子"推动京津冀协同发展，调整区域经济结构和空间结构，推动河北雄安新区和北京城市副中心建设，探索超大城市、特大城市等人口经济密集地区有序疏解功能、有效治理"大城市病"的优化开发模式。充分发挥长江经济带横跨东中西三大板块的区位优势，以共抓大保护、不搞大开发为导向，以生态优先、绿色发展为引领，依托长江黄金水道，推动长江上中下游地区协调发展和沿江地区高质量发展。建立以中心城市引领城市群发展、城市群带动区域发展新模式，推动区域板块之间融合互动发展。以北京、天津为中心引领京津冀城市群发展，带动环渤海地区协同发展。以上海为中心引领长三角城市群发展，带动长江经济带发展。以香港、澳门、广州、深圳为中心引领粤港澳大湾区建设，带动珠江—西江经济带创新绿色发展。以重庆、成都、武汉、郑州、西安等为中心，引领成渝、长江中游、中原、关中平原等城市群发展，带动相关板块融合发展。加强"一带一路"建设、京津冀协同发展、长江经济带发展、粤港澳大湾区建设等重大战略的协调对接，推动各区域合作联动。推进海南全面深化改革开放，着力推动自由贸易试验区建设，探索建设中国特色自由贸易港。

统筹发达地区和欠发达地区发展。推动东部沿海等发达地区改革创新、新旧动能转换和区域一体化发展，支持中西部条件较好地区加快发展，鼓励国家级新区、自由贸易试验区、国家级开发区等各类平台大胆创新，在推动区域高质量发展方面发挥引领作用。坚持"输血"和"造血"相结合，推动欠发达地区加快发展。建立健全长效普惠性的扶持机制和精准有效的差别化支持机制，加快补齐基础设施、公共服务、生态环境、产业发展等短板，打赢精准脱贫攻坚战，确保革命老区、民族地区、边疆地区、贫困地区与全国同步实现全面建成小康社会。健全国土空间用途管制制度，引导资源枯竭地区、产业衰退地区、生态严重退化地区积极探索特色转型发展之路，推动形成绿色发展方式和生活方式。以承接产业转移示范区、跨省合作园区等为平台，支持发达地区与欠发达地区共建产业合作基地和资源深加工基地。建立发达地区与欠发达地区区域联动机制，先富带后富，促进发达地区和欠发达地区共同发展。

推动陆海统筹发展。海洋是高质量发展的战略要地，要坚持陆海统筹，发展海洋经济，加快建设世界一流的海洋港口，推进沿海开城市、沿海港口群、海洋经济示范区等重点开发开放区域建设。加强海洋经济发展顶层设计，完善规划体系和管理机制，研究制定陆海统筹政策措施，推动建设一批海洋经济示范区。以规划为引领，促进陆海在空间布局、产业发展、基础设施建设、资源开发、环境保护等方面全方位协同发展。编制实施海岸带保护与利用综合规划，严格围填海管控，促进海岸地区陆海一体化生态保护和整治修复。创新海域海岛资源市场化配置方式，完善资源评估、流转和收储制度。推动海岸带管理立法，完善海洋经济标准体系和指标体系，健全海洋经济统计、核算制度，提升海洋经济监测评估能力，强化部门间数据共享，建立海洋经济调查体系。推进海上务实合作，维护国家海洋权益，积极参与维护和完善国际和地区海洋秩序。

二、构建大中小城市和小城镇协调发展的城镇新格局

在现代区域经济格局中，中心城市和城市群集聚能力强、空间效率高、规模效应明显，是经济发展最活跃的增长极和动力源。要把握小城镇、中心城市、大都市、都市圈梯次发展的趋势，增强中心城市和城市群等经济发展优势区域的承载能力，充分发挥其在区域协调发展中的支撑和引领作用。同时，要不断优化城镇空间规模结构，加快农业转移人口市民化，构建现代农业体系，促进城乡协调发展。

推动城市群一体化发展。国际空间竞争已经转向了以城市群为主体形态的竞争。党的十九大报告指出，以城市群为主体构建大中小城市和小城镇协调发展的城镇格局。当前我国城镇化率已经超过60%，各类城市正由各自发展的阶段迈向都市圈和城市群发展阶段，特别是京津冀、长三角、粤港澳、长江中游城市群、成渝地区经济圈等地区已经开启了大都市圈、城市群的发展过程。科学合理的发展规划是发挥城市群都市圈基础设施的综合效益、促进相互协同进而优化资源配置的前提。中心城市和城市群是未来空间形态主要载体，区域一体化发展的重点和关键在于推动都市圈、城市群一体化。中心城市带动都市圈，都市圈带动城市群，城市群带动区域发展的态势正在形成。到目前为止，国家有关规划和文件中先后明确的中心城市有九个，北京、天津、上海、广州、重庆、成都、武汉、郑州、西安。近五年来，我国陆续推出了京津冀、长三角、粤港澳（珠三角）和成渝等城市群规划。2020 年上半年发布的《长

江三角洲区域一体化发展规划纲要》，专门规划"加快都市圈一体化发展"。《纲要》要求，以基础设施一体化和公共服务一卡通为着力点，加快南京、杭州、合肥、苏锡常、宁波都市圈建设，提升都市圈同城化水平。同时指出，推进都市圈协调联动。加强都市圈间合作互动，高水平打造长三角世界级城市群。推动上海与近沪区域及苏锡常都市圈联动发展，构建上海大都市圈。加强南京都市圈与合肥都市圈协同发展，打造东中部区域协调发展的典范。推动杭州都市圈与宁波都市圈的紧密对接和分工合作，实现杭绍甬一体化。建设宁杭生态经济带，强化南京都市圈与杭州都市圈协调联动。加强淮河生态经济带、大运河文化带建设，发展环太湖生态文化旅游，促进都市圈联动发展。2019 年发布的《粤港澳大湾区发展规划纲要》则提出"极点带动"，发挥香港—深圳、广州—佛山、澳门—珠海强强联合的引领带动作用，深化港深、澳珠合作，加快广佛同城化建设，提升整体实力和全球影响力，引领粤港澳大湾区深度参与国际合作。这里的"极点"就是都市圈。至此，长三角六个都市圈，珠三角三个都市圈的架构跃然纸上，成为中国区域经济高质量一体化发展的空间载体。要深化改革开放，破除阻碍要素流动的体制机制障碍。2019 年国家发展改革委出台了《关于培育发展现代化都市圈的指导意见》，对于消除阻碍生产要素自由流动的行政壁垒进行了明确的规定，并制定了具体时间表。比如，粤港澳大湾区 11 个城市内部，就要全部消除制约人口、资金、商品流动的各种因素，形成彻底的区域一体化市场。都市圈的核心城市可以采取行政区划调整，打破户籍障碍及行政区的阻碍，形成了区域市场一体化。

推进以人为核心的新型城镇化。实施城市更新行动，推进城市生态修复、功能完善工程，统筹城市规划、建设、管理，合理确定城市规模、人口密度、空间结构，促进大中小城市和小城镇协调发展。强化历史文化保护、塑造城市风貌，加强城镇老旧小区改造和社区建设，增强城市防洪排涝能力，建设海绵城市、韧性城市。提高城市治理水平，加强特大城市治理中的风险防控。坚持房子是用来住的、不是用来炒的定位，租购并举、因城施策，促进房地产市场平稳健康发展。有效增加保障性住房供给，完善土地出让收入分配机制，探索支持利用集体建设用地按照规划建设租赁住房，完善长租房政策，扩大保障性租赁住房供给。深化户籍制度改革，完善财政转移支付和城镇新增建设用地规模与农业转移人口市民化挂钩政策，强化基本公共服务保障，加快农业转移人口市民化。优化行政区划设置，发挥中心城市和城市群带动作用，建设现代化都市圈。推进成渝地区双城经济圈建设。推进以县城为重要载体的城镇化建设。

增强城乡区域发展协调性。城乡经济协调发展、城乡社会协调发展和城乡生态协调发展既是城乡协调发展的重要表现，也是实现城乡协调发展的实践路径。城乡经济协调发展是城乡协调发展的基础，需要正确认识城乡经济发展的规律和趋势，以我国城乡经济发展存在的问题为导向，借鉴西方发达国家的成功经验，制定科学的城乡经济规划，着重构建城乡协调发展的经济规划。同时要处理好城乡经济发展中的长期与短期、发展与保护、整体与局部等关系，设计好城乡未来的经济发展蓝图，为城乡经济协调发展提供战略保障。城乡社会协调发展是社会和谐稳定的基石，要实现城乡社会协调发展，必须促进城乡公共事业的发展，让城乡居民在教育、就业、收入等方面享有同等的权利。推进新型基础设施、新型城镇化、交通水利等重大工程建设，支持有利于城乡区域协调发展的重大项目建设。实施川藏铁路、西部陆海新通道、国家水网、雅鲁藏布江下游水电开发、星际探测、北斗产业化等重大工程，推进重大科研设施、重大生态系统保护修复、公共卫生应急保障、重大引调水、防洪减灾、送电输气、沿边沿江沿海交通等一批强基础、增功能、利长远的重大项目建设。城乡生态协调发展是经济社会发展的保障，应将城市和乡村的生态保护作为一个整体进行规划，整体推进，促进城乡生态协调发展，推进美丽中国建设。必须树立科学的生态保护理念，推进城乡生态共同治理。完善城乡环境保护的法律体系，强化环境执法，建立城乡一体的环境执法体系，对破坏城乡环境的违法犯罪行为加大打击力度，推进城乡生态协调发展中的相关法治建设。

三、构建国土空间开发保护新格局

党的十九大报告中提出要构建国土空间开发保护制度。十九届五中全会提出："立足资源环境承载能力，发挥各地比较优势，逐步形成城市化地区、农产品主产区、生态功能区三大空间格局，优化重大基础设施、重大生产力和公共资源布局。支持城市化地区高效集聚经济和人口、保护基本农田和生态空间，支持农产品主产区增强农业生产能力，支持生态功能区把发展重点放到保护生态环境、提供生态产品上，支持生态功能区的人口逐步有序转移，形成主体功能明显、优势互补、高质量发展的国土空间开发保护新格局。"我们要坚持实施区域重大战略、区域协调发展战略、主体功能区战略，健全区域协调发展体制机制，完善新型城镇化战略，构建高质量发展的国土空间布局和支撑体系。

持续推进区域协调发展。《中共中央关于制定国民经济和社会发展第十四个五年规划和二〇三五年远景目标的建议》提出，推动西部大开发形成新格局，推动东北振兴取得突破，促进中部地区加快崛起，鼓励东部地区加快推进现代化。持续推进区域协调发展。按照《建议》要求，"十四五"时期，西部地区要区分不同自然条件和经济发展状况，细化区域发展政策，促进产业和人口向优势区域集中，形成优势区域重点发展、生态功能区重点保护的新格局。东北地区要加快现代化经济体系建设，有效整合资源，主动调整经济结构，加快发展新技术、新业态、新模式，培育新增长点，加快培育资源枯竭地区接续替代产业，发展壮大优质农业、装备制造业。中部地区作为未来新型城镇化、新型工业化的主战场，要打造成为国家现代化经济增长的新动能区域。东部地区要继续发挥改革开放先行、综合创新能力强、现代制造领先、服务业高端等优势，率先带动全国经济现代化，引领我国参与国际经济竞争。有序推进东部沿海产业向中西部地区转移，促进东中西、南北方经济协调高质量发展。经济发展条件好的地区要承载更多产业和人口，发挥价值创造作用。生态功能强的地区要得到有效保护，创造更多生态产品。要考虑国家安全因素，增强边疆地区发展能力，使之有一定的人口和经济支撑，以促进民族团结和边疆稳定。

立足不同区域发挥比较优势。根据三大空间发展的不同需求和人民生活的需要，优化基础设施、重大生产力和公共资源布局，促进三大空间的基本公共服务均等化，基础设施通达程度比较均衡，人民生活水平大体相同。城市化地区是国家和区域级城市群、都市圈等的核心区域，是提高国家综合竞争力的重点区域，也是落实区域发展总体战略、促进区域协调发展的重要支撑。京津冀、粤港澳大湾区、长三角以及成渝地区等是我国重要的城市化地区，该类型主体功能区的土地资源开发密度已经较高，资源环境承载能力开始减弱，因此，需要实行开发与保护并重的方针，通过完善建设用地使用权转让机制、经营性土地招标拍卖挂牌出让制度，合理引导土地流转，盘活存量，提高土地利用效率和效益。通过城镇边界控制、土地增减挂钩和增存挂钩、人地挂钩等，将城镇化地区建设用地的增加规模与本地区农村建设用地的减少规模、吸纳农村人口进入城市定居规模、吸纳外来人口定居规模挂钩，提高土地利用效率。通过控制城市建设用地的总量、鼓励土地复垦或土地整治等，保障土地资源承载力。农产品主产区是确保国家粮食安全和食品安全的重要区域，东北平原、黄渤海平原、长江流域、汾渭平原、河套灌区等都是我国重要的农产品主产区，为了确保这一目标的实现，农产品主产区应实行保护为主、开发为辅的方针，限制工业化与城镇化的发展，全力提高农业综合生产水平，在保证耕地数量与质量的基础上提高土地的利用效率。划定并严守永久基本农田，并将基本农田落实到地块并在土地承包经营权登记证书上标注，保护耕地数量和质量；通过土地整治或土地复垦，改善农业生产条件，扩大农用地规模，提高土地资源的可持续发展能力；坚持总量控制原则，严控建设用地规模；充分发挥农地产权的激励作用，促进产权流转，优化农业生产布局和品种结构；盘活农村宅基地和集体建设用地，引导农村宅基地和农村集体建设用地转向农产品加工、流通和储运设施建设，提高农业综合生产能力；通过土地利用协议，保持并提升耕地质量。生态功能区是保护自然文化资源的重要区域，是珍稀动植物基因资源的保护地，我国大小兴安岭森林生态功能区、三江源草原草甸湿地生态功能区、祁连山冰川与水源涵养生态功能区，以及青海三江源国家公园、东北虎豹国家公园、大熊猫国家公园等各级各类自然保护地都是生态功能区。该地区生态功能重要，土地资源环境承载力较低，不适宜进行工业化或城镇化建设。因此，这一主体功能区应实行保护为主、限制开发的方针，在保证生态安全的基础上再考虑提高土地的利用效率，体现"公平优先，兼顾效率"的原则。具体而言，应按照依法管理、强制保护的原则，执行最严格的土地资源保护措施，保持土地质量的自然本底状况，恢复和维护区域生态系统结构和功能的完整性。同时，应加快产业用地与宅基地的退出，鼓励人口转移，进而增强重点生态功能区的生态服务功能。

完善空间治理。要完善和落实主体功能区战略，细化主体功能区划分，按照主体功能定位划分政策单元，对重点开发地区、生态脆弱地区、能源资源地区等制定差异化政策，分类精准施策，推动形成主体功能约束有效、国土开发有序的空间发展格局。通过对这不同功能区的差异化利用及差异化管理，实现国家人口布局、经济布局、国土空间利用和城镇化格局的统筹发展。根据不同功能区特点制定宽严相济的绿色发展和生态环境保护政策，强化专门化污染防治和生态环境保护执法队伍建设，推动跨区域、跨流域污染防治联防联控；在环境司法审判中，对于优化开发区发生的环境资源纠纷，在加强对生态环境和受害人合法权益保护的前提下，更多地考虑利用环境容量发展经济的需要，对于限制开发和禁止开发区域内开发利用自然资源引发的相关案件，要把资源消耗上限、环境质量底线和生态保护红线等作为裁判的重要因素综合考量，实行最严格的生态环境和自然资源保护措施。

全面建立生态补偿制度。区域经济协调发展不是单纯的经济问题，首先是人与自然关系的协调。要树立人与自然生命共同体的理念，正确处理发展经济与保护生态之间的关系，真正实现绿色、协调、可持续的区域高质量发展。生态补偿机制是以保护生态环境、促进人与自然和谐为目的，根据生态系统服务价值、生态保护成本、发展机会成本，综合运用行政和市场手段，调整生态环境保护和建设相关各方之间利益关系的一种制度安排。按照"绿水青山就是金山银山"的理念要求，目前"资源有价，环境有偿"已经逐渐成为全社会的共识。生态补偿作为一种生态环境保护的经济补偿手段，是"按照资源有价的原则，由生态受益者向生态产品与服务提供者支付的补偿"。要健全区际利益补偿机制，形成受益者付费、保护者得到合理补偿的良性局面。要健全纵向生态补偿机制，加大对森林、草原、湿地和重点生态功能区的转移支付力度。要推广新安江水环境补偿试点经验，鼓励流域上下游之间开展资金、产业、人才等多种补偿。要建立健全市场化、多元化生态补偿机制，开展生态产品价值实现机制试点。在各级地方政府财政转移支付项目中增加生态补偿项目，建立有利于生态保护和建设的横向财政转移支付制度；改进各种资源的税费征收管理工作，提高资源税费的标准，并将生态补偿纳入资源税费的开支项目；逐步增加生态环境保护各类专项资金额。鼓励尝试排污权、水权、碳排放等市场化交易的生态补偿模式。

完善财政转移支付制度。要完善财政体制，合理确定中央支出占整个支出的比重。要对重点生态功能区、农产品主产区、困难地区提供有效转移支付。基本公共服务要同常住人口建立挂钩机制，由常住地供给。以解决地区发展不平衡、不充分问题为目标，加大中央和省级财政对生态功能区、农业经济区的转移支付力度，加快实现区域基本公共服务均等化，改善农村基础设施，缩小农区、牧区城乡居民收入与城市化地区的差距。要运用信息化手段建设便捷高效的公共服务平台，方便全国范围内人员流动。建议转移支付体系与绩效管理相结合，在转移支付之前，由财力转入地和财力转出地协商资金投入方向、投入项目和绩效目标，并以财力转入地为主体，制定相关的资金使用绩效管理体系，并征得财力转出地政府的同意。这样一方面可以提高资金转入地的责任感，另一方面可以促进资金转出地参与转移支付的能动性。在使用过程中，财力转入地有义务适时地反馈资金使用情况及其绩效状况，财力转出地可以根据绩效目标对资金使用情况进行考核，如果资金使用绩效不达标，财力转出地可以在下一年度安排转移支付时，减少对特定方向或者项目的转移金额。

按照人口资源环境相均衡、经济社会生态效益相统一的原则，整体谋划国土空间开发。要坚持底线思维，以国土空间规划为依据，把城镇、农业、生态空间和生态保护红线、永久基本农田保护红线、城镇开发边界作为调整经济结构、规划产业发展、推进城镇化不可逾越的红线，立足本地资源禀赋特点、体现本地优势和特色。提升国土空间使用质量，走"增量提质、存量增效"的综合开发利用保护之路。切实推进增减挂钩、增存挂钩、"人地"挂钩等政策，打通城乡阻隔，积极探索城乡地区存量土地增效路径。倒逼从"增量时代"走向"存量时代"，通过国土空间开发方式、开发时序、开发强度的调整，实现从要素驱动向创新驱动转变，进而实现高质量发展的转型目标。推动高端化、绿色化、集约化的发展，提高土地利用效率，建立自然资源利用上线控制标准体系；提高单位面积新增建设用地对经济社会发展的贡献率，降低耗地量，建立"标准地"模式；将国土空间利用效率、建设用地提质增效、矿产资源综合利用等指标纳入地方政府干部的任期考核中，促进资源节约集约利用。

推进国土空间治理体系和治理能力现代化，以习近平生态文明思想为指导做好国土空间规划。建立新的国土空间规划体系，坚持新发展理念，将坚持以人民为中心作为规划基本出发点，一切从实际出发，把握好时代发展的要求和时空演变的趋势，跟紧进入生态文明新时代和高质量发展新阶段的新要求，编制"一优三高""能用、管用、好用"的规划。按照国家治理体系和治理能力现代化的目标，建立起"多规合一"的编制审批体系、实施监督体系、法规政策体系和技术标准体系，形成国土空间开发保护"一张蓝图"。落实监督实施，严格空间开发利用与保护，维护空间规划的严肃性，保证开发利用活动符合承载力和开发适宜性的要求，增强刚性约束力和弹性调节灵活性，探索总量严格管控与规划期规模动态调整相结合的路子。严格用途管制，做好"放管服"，改变现有建设用地计划指标管理模式，探索严格用途转用下的弹性调节方法，对永久基本农田、生态保护红线内区域，进一步增加其管制刚性，对一般性空间，允许根据经济社会发展需求进行合理调整。实施国土空间监测预警和绩效考核机制，形成以国土空间规划为基础，以统一用途管制为手段的国土空间开发保护制度，利用大数据、智慧化等技术手段进行严格监管。

四、形成全国统一开放、竞争有序的商品和要素市场

国内大循环，本质上就要求在全国范围内，商品、劳动力及资金可以完全自由的流动，消除不同区域、城市之间的行政区阻碍，打破行政壁垒，形成全国一体化自由市场。畅通国内大循环，要依托强大国内市场，贯通生产、分配、流通、消费各环节，打破行业垄断和地方保护，破除妨碍生产要素市场化配置和商品服务流通的体制机制障碍，降低全社会交易成本，形成国民经济良性循环，这是形成强大国内市场，构建新发展格局的关键。要加快破除地区间利益藩篱和政策壁垒，推动形成区域统一市场，促进经济要素在更大范围、更高层次、更广空间顺畅流动与合理配置。实施全国统一的市场准入负面清单制度，消除歧视性、隐蔽性的区域市场壁垒，打破行政性垄断，坚决破除地方保护主义。除中央已有明确政策规定之外，全面放宽城市落户条件，完善配套政策，打破阻碍劳动力流动的不合理壁垒，促进人力资源优化配置。要健全市场一体化发

展机制，深化区域合作机制，加强区域间基础设施、环保、产业等方面的合作。

打破地方保护主义的行政壁垒。破除行政壁垒、地方保护主义和本位主义、市场分割等障碍性因素。以政府间合作为桥梁，以制度建设为保障，以利益再分配为核心，清除阻碍区域合作的樊篱，为区内产品和要素自由流动创造条件，为区内产业合理布局创造条件，为经济结构调整和发展模式转变创造条件。应在承认并尊重各地自身利益追求的基础上，通过机制设计来引导各地政府在某些重大问题上采取一致行动。政府要研究如何分配因经济一体化带来的总体收益及补偿少数地方因一体化带来的局部利益的阶段性受损。鼓励区域内各行政主体本着共赢、共享的原则，精诚协商，寻求各种可行的分配方式。如公共服务的有偿转让、税收分成、按要素分配等，在充分保证各方利益得到合理满足的基础上调动了各区域加强经济合作的积极性；再如研究如何分配产业园区的税费收入，也是协调产业转入和转出地之间的政策协调的可选思路。

建立统一的劳动力市场。全面放宽城市落户条件，完善配套政策，打破阻碍劳动力流动的不合理壁垒，促进人力资源优化配置。深化户籍制度改革。推动超大、特大城市调整完善积分落户政策，探索推动在长三角、珠三角等城市群率先实现户籍准入年限同城化累计互认。放开放宽除个别超大城市外的城市落户限制，试行以经常居住地登记户口制度。建立城镇教育、就业创业、医疗卫生等基本公共服务与常住人口挂钩机制，推动公共资源按常住人口规模配置。畅通劳动力和人才社会性流动渠道。健全统一规范的人力资源市场体系，加快建立协调衔接的劳动力、人才流动政策体系和交流合作机制。营造公平就业环境，依法纠正身份、性别等就业歧视现象，保障城乡劳动者享有平等就业权利。进一步畅通企业、社会组织人员进入党政机关、国有企事业单位渠道。优化国有企事业单位面向社会选人用人机制，深入推行国有企业分级分类公开招聘。加强就业援助，实施优先扶持和重点帮助。完善人事档案管理服务，加快提升人事档案信息化水平。完善技术技能评价制度，创新评价标准，以职业能力为核心制定职业标准，进一步打破户籍、地域、身份、档案、人事关系等制约，畅通非公有制经济组织、社会组织、自由职业专业技术人员职称申报渠道。加快建立劳动者终身职业技能培训制度。推进社会化职称评审。完善技术工人评价选拔制度。探索实现职业技能等级证书和学历证书互通衔接。加强公共卫生队伍建设，健全执业人员培养、准入、使用、待遇保障、考核评价和激励机制。加大人才引进力度，畅通海外科学家来华工作通道。在职业资格认定认可、子女教育、商业医疗保险以及在中国境内停留、居留等方面，为外籍高层次人才来华创新创业提供便利。

快速推进商品市场一体化。凭借互联网技术在零售商品领域的广泛应用，以推进物流标准化为基础，加快推动商品流通一体化发展，如上海、南京等九城市牵头成立全国城市物流设施设备标准化创新联盟。以提高市场资源配置能力为重点，共促供应链区域平台建设。抢抓《国务院办公厅关于积极推进供应链创新与应用的指导意见》实施的机遇，积极争取国家试点，合力营造良好政策环境，共同打造供应链平台建设。比如上海市出台《上海市鼓励企业设立服务全国面向世界的贸易型总部若干意见》，支持在汽车、钢铁、化工、有色、机电设备、纺织面料、物流资源、生活服务等领域建设一批辐射长三角及全国市场的功能性平台，推动了商品交易市场的网络化发展。以建立区域农产品流通联动发展机制为切入点，提升农产品供应链效率。在农产品市场规划衔接、重大项目建设、投融资、品牌培育、产销及管理制度等方面加强衔接，促进各地区优质农产品的产销合作和高效流通。

稳步推进要素市场一体化。以人才市场网络的链接为着力点，推动人才市场一体化。推动各省市人才市场网站开展互相链接，共同建设网上人才交流市场，推动职称资格互认和衔接，强化人力资源服务协作。开展养老保险待遇资格协助认证、医保异地就医直接结算服务监督、工伤认定和劳动能力鉴定和社会保险关系转移接续等方面的合作，促进人才有序自由流动。以推进区域信用体系建设为突破口，促进资本市场一体化。依托各省（市）诚信体系平台，搭建地区信用体系建设和合作平台。搭建企业和金融机构合作平台，降低企业融资成本，防范融资风险，营造银企良好合作环境。同时，加强互联网金融整治，推动交易场所日常监管，打击和处置非法集资，建立金融安全稳定信息共享机制，共同治理资本市场。以技术研发和技术共享平台为抓手，推进技术市场一体化。以企业准入标准一体化为载体，推动要素市场一体化。例如，2018年9月，上海（松江）、苏州、嘉兴、湖州、杭州、金华、合肥、宣城和芜湖九个长三角城市在全国范围内率先试点企业营业执照异地办理。G60科创走廊实现"线上＋线下"相结合：线上，在九城市政务服务网开设"一网通办"栏目；线下，在九城市的行政服务中心设立"一网通办"综合服务窗口。这意味着在长三角科创走廊的九个城市都可以异地办理企业证件，降低了制度性交易成本。

加速推进产权市场一体化。以信息集散为抓手，推进产权市场一体化。开通"产权交易共同市场网站"，沟通各产权交易机构信息。随着跨区域并购融资业务的增长，着重以并购融资为突破点，积极推动开设"产权市场并购融资信息平台"，发布企业并购、增资、融资信息，提高并购效率。同时，按照《共同市场投资人信息库管理办法》共建投资人信息库，为市场化并购融资奠定基础。以统一交易规则为重点，力推产权市场一体化。构建统一的产权交易信息管理系统和竞价交易系统，尝试异地交易机构网络竞价联合交易，提升产权交易效率。此外，还要积极推动建立统一的适合产权市场的股权众筹、股权私募发行融资和交易制度，促进跨区域并购。以创新为核心，丰富产权交易市场品种。除企业并购外，还需要开展排污权、碳排放、等领域的交易，丰富知识产权保护、知识产权服务体系、知识产权人才培养等方面的合作。

迅速推进市场监管一体化。以建立打击侵权假冒长效机制为重点，推进市场监管一体化，推进跨区域和跨部门事中事后监管协作的制度落地。针对互联网领域的侵权假冒多发态势，探索建立"科技制度保护诚信"的互联网领域打击侵权假冒治理模式，加强科技手段的应用和互联网企业内部管控制度建设，强化权利人企业合法权益保护工作，引导行业诚信自律。积极推进知识产权保护新模式，成立专利、商标、版权"三合一"的行政管理和执法机构，检察院、法院成立专门的知识产权案件审理部门。依托公共信用信息服务平台，强化信用监管。共同建设公共信用信息共享服务平台，与国家信息中心签署合作备忘录，推进信用信息交换共享和开发利用，并开展信用联动奖惩机制建设试点。把打击侵权假冒工作列为社会诚信体系建设的突破口和重要抓手，依托公共信用信息服务平台，实现打击侵权假冒信息对接，并通过第三方评估、发布指数等做法，加大信用监管力度。聚焦重点领域，联动开展重点领域专项整治。开展中心城区小商品市场的综合整治，引导小商品市场转型发展，优化创新创业环境。

健全市场一体化发展机制。要健全市场一体化发展机制，深化区域合作机制，加强区域间基础设施、环保、产业等方面的合作。进一步完善地方政府横向合作机制，加强地方政府各层级、各部门的交流合作，调动地方政府推动市场一体化发展的积极性、主动性和能动性。以都市圈为基本单元，鼓励和支持次区域合作，引导部分痛点、难点、堵点问题率先在次区域范围内解决。顺应从市场项目协调走向区域一体化制度创新的趋势，把合作的主体由政府间、企业间合作，拓展到智库、社会组织、市场主体等各种力量，既要发挥政府在统一规划、统一标准和统一规则等方面的作用，更要在具体的合作事项上，发挥市场的决定性作用。通过构建产业协作平台、创新资源平台、要素共享平台，推进建设区域产业联盟、创新联盟、招商联盟机制等，促进经济社会文化生态等全领域深化合作。强化统筹协商，实现从经贸、社会领域的协同向构建高效、有序、常态的空间协同机制转变。既要着眼长远、保持定力，谋划各种定期交流的机制安排，在公共服务、政务服务、大市场建设、基础设施建设等方面进行一体化统筹协商，形成体系化的治理模式，以常态化、体系化的合作机制促进区域整体共同发展的长效化；又要从区域合作的最大公约数、较为成熟的领域事项以及成熟的机制模式试点开始，根据阶段性目标的变化对合作重点和机制进行动态修正，积小胜为大胜，促进互利合作共赢。

推动基础公共服务均等化。区域协调发展的基本要求是实现基本公共服务均等化，基础设施通达程度比较均衡。一方面，中央在综合考虑国家总体经济实力以及各地公共服务发展现状的基础上，颁布义务教育、公共卫生、基本医疗、就业服务、社会福利等基本服务的全国最低标准，并重点通过财力和政策支持保障落后地区达标；另一方面，允许和鼓励各地区或区域结合本地具体状况，开展区域或地区内的基本公共服务均等化工作，不同地区可以根据本地社会经济发展状况选择不同层次的公共服务均等范围和水平，从而建立不同区域社会成员在实现均等化的要求和层次上的适度不同的空间秩序。要完善土地、户籍、转移支付等配套政策，提高城市群承载能力，促进迁移人口稳定落户。促进迁移人口落户要克服形式主义，真抓实干，保证迁得出、落得下。要确保承担安全、生态等战略功能的区域基本公共服务均等化。尽快实现养老保险全国统筹。养老保险全国统筹对维护全国统一大市场、促进企业间公平竞争和劳动力自由流动具有重要意义。要在确保 2020 年省级基金统收统支的基础上，加快养老保险全国统筹进度，在全国范围内实现制度统一和区域间互助共济。

第十章　构建双循环新发展格局的社会根基

改革开放 40 多年的经验和"十三五"时期取得的历史性成就都表明经济发展与社会发展是相辅相成、相互促进的。2020 年，我国人均国民收入连续第二年超过 1 万美元，有望在 2025 年左右进入高收入国家行列。"十四五"时期，我国将进入高质量发展的新阶段。在新发展格局中，高质量发展更需要筑牢社会根基，完善共建共治共享的社会治理制度。

一、共建共治共享社会发展新局面的内涵

经济社会的高质量发展是亿万人民自己的事业，坚持以人民为中心的发展是"十四五"时期经济社会发展必须遵循的原则之一。坚持人民主体地位，坚持共同富裕方向，始终做到发展为了人民、发展依靠人民、发展成果由人民共享，维护人民根本利益，激发全体人民积极性、主动性、创造性，促进社会公平，增进民生福祉，不断实现人民对美好生活的向往。

（一）共享是经济社会高质量发展的出发点和落脚点

经济社会的高质量发展以不断实现人民群众对美好生活的向往为出发点，扎实推进共同富裕是"十四五"时期开启社会主义现代化新征程的落脚点。贯彻共享发展理念是解决我国发展不平衡不充分问题的根本遵循。改革开放之初，基于国内资源匮乏、资金积累不足、人民共同贫困的发展条件，国家鼓励一部分人、一部分地区先富起来，迅速调动了人民群众创造财富的积极性和地区之间的竞争性增长；随后，发扬中国特色社会主义的制度优势，通过财政转移支付、地区对口帮扶、精准扶贫等制度安排，实现了先富带后富；在高质量发展的新阶段，共同富裕应该迈出更为坚实的步伐，共享理念应该得到更为深入的贯彻。

目前，我国已经成为世界上第二大经济体，2020 年 GDP 为101.6 万亿元人民币，约为世界第一大经济体美国经济总量的70%，第三大经济体日本经济总量的 3 倍。在经济快速发展的同时，我们也应该看到发展不平衡的问题仍然突出，贫富差距较大的问题没有得到有效的解决。反映社会收入差距的指标——基尼系数长期处于高位，"蛋糕"做大后的"分蛋糕"的问题凸显。

（二）共建是实现共享的前提条件

立足社会主义初级阶段基本国情，我国发展不平衡不充分问题仍然突出。发展中存在的矛盾和问题，要靠发展来解决。因此，我国的共享发展的基础和前提是全体人民共同参与中国特色社会主义的建设，共同为中华民族的伟大复兴作贡献。我们不能走欧洲福利国家式的结果公平道路，不能期望靠高税收高福利实现共同富裕，而是要通过社会制度安排和社会治理发展，为全体人民参与社会共建提供相对公平的机会，让每一位劳动者可以通过自己的勤奋和努力获得合理的经济回报和社会认可。没有共建，就没有共享的物质基础；没有共建，就没有可持续的共享。共建共享相统一要求权利和义务相对应，要求贡献和回报相挂钩。共同富裕是共建、共享的目标，指引着共建共享的方向。

共同富裕并不是没有差别，在任何社会中差别总是存在的，适当的差别有利于形成激励。但这种差别必须建立在权力公平和机会公平的基础上，体现按劳分配为主体的分配原则，体现能力和努力程度的差异，而不是财产占有和机会获取上的差异。

（三）共同治理体现人民群众的参与权

共治即共同参与社会治理。一方面，充分发挥各级党委在社会治理中总揽全局、协调各方的领导核心作用，强化各级政府抓好社会治理的责任制；另一方面，保障人民群众在社会建设中依法实现自我管理、自我服务、自我教育、自我监督的权利。参与权是人民群众的一项重要权利，随着社会的发展，人们参与公共事务的愿望日益强烈，不同利益群体期望有机会充分表达自身利益诉求，在平等协商和相互博弈的过程中找到更为合理的解决方案。因此，党和政府要为人民群众参与治理创造条件，努力形成社会治理人人参与、人人尽责的良好局面。

二、提高人民收入水平，形成合理收入格局

合理的收入分配格局是扩大内需、促进消费、畅通社会再生产循环的必要条件，也是形成以国内大循环为主的新发展格局的重要保障。马克思主义政治经济学认为，社会再生产是由生产、分配、交换和分配等四个环节组成的有机整体。商品生产和资本积累过程的效率取决于社会再生产循环是否顺畅。生产决定分配分配反作用于生产。分配，要促进社会再生产顺利实现，特别是要促进扩大再生产顺利实现。

新发展格局要求改变过去"大进大出，资源和市场两头在外"、以满足外需为主的传统发展模式，建立以国内需求为主、以科技自立自强为战略支撑的国内大循环和国际大循环相互促进的新发展模式。这就要求在投资、消费和进出口经济增长的"三驾马车"中由"消费"承担主要经济增长驱动作用，切实扩大国内需求，特别是国内消费需求。需求受三大因素的影响，即人口规模、购买愿望和购买能力。我国有 14 亿人口，具有超大规模国内市场的基础条件。人民群众对美好生活的追求和向往形成了多样化的购买愿望，也是需求升级的现实基础。当前内需不足的主要影响因素是购买能力不足，特别是低收入群体数量大，中等收入群体数量不足。2020 年 5 月 28 日，李克强总理在十三届全国人大会议闭幕后，回答中外记者提问时讲道，中国是一个人口众多的发展中国家，人均年收入是 3 万元人民币，但是有 6 亿人每个月的收入也就 1000 元。

从消费情况看，相比发达国家，我国居民消费率仍然较低。

2019年中国居民消费率仅为38.8%，远低于美国的68%、德国的52%以及韩国的49%。根据对我国经济发展态势的前景预判，"十四五"时期我国将跨越中等收入国家的上线，人均GDP超过1.2万美元，进入世界高收入国家行列。这样的预期经济发展目标，必然要求有效提高居民消费率，缩短同发达国家的差距。

从消费率看，过去20年消费率呈现了U型演变过程。2000年，我国消费率为47%，之后就逐年下降，到2010年降低到35%。之后，消费率开始触底回升，到2016年达到39%。到2016年到2019年，消费率停止上升，徘徊在39%左右的水平。这种U型变化过程，同居民可支配收入占GDP比重的变化过程完全一致，也经历了从2000年开始下降，到2008年触底回升，从2015年上升趋势停滞，在44%左右徘徊。从2008年到2016年之间，消费率的上升受居民可支配收入占GDP比重上升的影响，因为从2008年开始为了应对国际金融危机，我国进行了大量的基础设施投资，这些基础投资创造了大量用工需求，对低收入者就业有很大的拉动作用。同时，互联网经济飞速发展，诸如外卖、快递等物流行业为低收入者创造了就业机会，也拉动了人均可支配收入的上升。低收入群体收入的上升直接推动了消费率的上升，缩小了收入差距，基尼系数下降。从2016年开始，消费率和可支配收入占比停止上升，表明单靠投资拉动和新产业、新模式的带动，还不足以解决我国收入分配格局的结构性问题，需要从改革体制机制的角度形成新的收入格局。

收入差距过大，居民可支配收入不足，低收入群体比重过高，不仅制约我国超大规模市场潜力的发挥，而且使消费升级缺乏普遍性的可持续的基础，进而影响供给升级和经济结构调整。因此，缩小收入分配差距，形成合理收入分配格局，对于激发消费需求、扩大内需、畅通经济国内大循环，都是关键之举。

新的收入分配格局要坚持按劳分配为主体、多种分配方式并存，提高劳动报酬在初次分配中的比重，关键是要完善按要素分配的制度安排，健全各类生产要素由市场决定报酬的机制。2002 年，党的十六大报告中提出，确立劳动、资本、技术和管理等生产要素按贡献参与分配的原则。完善按劳分配为主体、多种分配方式并存的制度，是我国收入分配制度改革的一个重要突破，但是由于市场经济体制机制还不完善，市场本身也存在很多不完善的地方，要素市场的发育还不完备，市场扭曲和不充分的问题仍然突出，按要素由市场决定报酬的机制还没有充分建立。在劳动力市场中存在城乡二元分割市场，城市中存在着不同所有制经济市场的分割，劳动者在市场中处于弱势地位、谈判能力不强等因素都导致了劳动作为关键性生产要素在初次分配中的比重仍然不高。以及存在地方政府为吸引外资而对劳动力要素价格的管制政策，都导致了劳动力这一关键生产要素在初次分配中的比例不断下降。

展望"十四五"时期，建立合理的收入分配结构将迎来重大的历史机遇。在扎实推动共同富裕，不断增强人民群众获得感、幸福感、安全感的发展目标引领下，收入分配格局调整将出台具体而切实的政策措施：一是在初次分配环节中，通过增加劳动者特别是一线劳动者的劳动报酬，提高劳动报酬的分配比重，促进中等收入群体的发展壮大。二是在再次分配中，强化税收、转移支付等政策工具的调节功能，降低工薪阶层所得税负担，加快低收入群体向中等收入群体的演进。三是在第三次分配环节，发挥慈善公益事业的救济功能，进一步托底弱势群体的基本消费能力。

三、强化就业优先政策，千方百计稳定和扩大就业

就业是最大的民生，稳定和扩大就业就是保民生。坚持经济发展就业导向，扩大就业容量，提升就业质量，促进充分就业。在就业总量压力和结构性矛盾长期存在的背景下，要强化就业优先政策，在国民经济的持续增长与经济结构的不断优化的过程中，通过新产业、新技术、新模式、新基建等发展新动能，千方百计创造社会就业岗位。同时，坚持创业带动就业，通过提升劳动者的素质，缓解在经济增速换挡期的就业总量压力和结构性矛盾。

以产业兴旺、企业发展为龙头带动就业。强化就业优先，必须促进企业发展。全球疫情仍然有很大的不确定性，疫苗的有效性、生产能力还存在变数，全球经济重启时间尚不确定，其对全球经济增长的影响还将延续相当长的时间。因此，稳就业、稳企业工作将成为"十四五"时期的重要任务。要有针对性的减税降费，切实降低企业经营成本，优化自主创业环境，优先投资就业带动能力强的产业。要注重发展中小企业、小微企业、个体工商户在内的市场主体，采取更加积极有为的积极财政政策和更加灵活适度的稳健货币政策，适时适度进行逆周期调节，以保证中小企业在后疫情时代保持相应的供给能力。要聚焦就业带动能力强的重点产业，支持创新能力强的龙头企业通过创新生态圈的建设带动产业链上下游配套

企业发展。要以切实可行的政策措施支持受疫情影响大的旅游、餐饮、娱乐等生活服务业类企业挺过难关，尽快复苏。

以新产业、新业态、新基建创造新的就业岗位。就业优先政策的另一个着力点是创造更多新的就业岗位。近年来，我国新业态蓬勃发展，直播带货、餐饮外卖、在线娱乐等创造了大量的就业机会，为各类劳动者创造了低门槛的发展机遇。"十四五"时期，要采取更多扶持政策支持新产业、新业态的发展，特别是支持就业吸纳能力强的服务业发展。要通过改革打破制约新业态发展的隐性限制，打破那些不合理的条条框框，让更多新就业岗位成长起来。

推动大众创业、鼓励万众创新是中国经济社会发展新的引擎之一。发动这一新引擎既可以增加新的就业岗位、增加居民收入，也有利于促进社会纵向流动和公平正义。我国有14亿人口、9亿劳动力资源，人民群众中蕴藏着无穷的创造力和期望通过劳动实现美好生活梦想的活力。在高质量发展的新发展格局中，就是要打破束缚人民群众创造力和活力发挥的体制机制障碍，降低创业创新的制度性门槛，将创新创业的激情汇聚成经济国内大循环的巨大动力。比如，在疫情期间，适应新冠肺炎疫情防控常态化形势，在确保不影响居民、交通和不扰乱市容环境秩序的情况下，出台了可以摆摊设点的政策措施。地摊经济、小店经济是人间烟火，为很多劳动力提供了低成本就业的机会。也是中国就业市场韧性和回旋余地的空间。

加快发展新基建创造更多新的就业岗位。新一轮的技术革命和产业变革蓄势待发，以信息网络和物联网为基础，以5G商用为契机，数字化决策、智能化生产为内容的新一代信息技术革命将深刻地改变全球经济发展格局。新型基础设施投资渗透各行各业的各个角落，直接为新一轮经济发展奠定坚实基础，同时也创造出大批高质量就业岗位。

大力提升人力资源供给，通过提升就业能力、提高劳动者对就业岗位胜任力来推进扩大就业走上高质量发展轨道。以高校毕业生为例，每年我国高校毕业生数量约为 800 万人，占新增就业人口的绝大多数。他们是经济高质量发展最为宝贵的人力资源供给。但是，长期以来，由于就业需求和人才培养的对接还不畅通，高校毕业生就业难的现象长期存在。要以就业创业为导向深化教育改革，以专业设置的调整和以就业导向带动培养设计为切入点，从源头上解决好人力资源培养与就业需求错配的问题。

四、建设高质量教育体系

十年树木，百年树人。建设高质量教育体系关系到国民素质和劳动要素质量，是实现公民机会平等的制度性安排，是实现共同富裕的前提条件，也是国家长期保持国际竞争力的坚实基础。

"十三五"时期，我国教育事业取得了辉煌的成就，义务教育普及程度已达到世界高收入国家的平均水平，高等教育实现了普及化。2018 年，小学学龄儿童净入学率提高到 99.95%，初中阶段毛入学率提高到 100.9%。高中阶段毛入学率提高到 88.8%，高中教育普及程度超过世界中上收入国家平均水平。现代职业教育和继续教育体系建成，2018 年，全国共有 1.16 万所职业学校，中、高职招生达 925.9 万人，在校生达 2689 万人。改革开放以来，累计有 2.4 亿人次参加了高等教育自学考试,累计培养本、专科毕业生1300 多万人,世界最大规模的高等教育体系已建成。每年超过 400万的职业学校毕业生和超过 800 万的大学毕业生成为我国劳动力市场的新生力量,也是加快建设创新型国家的人才基础。

但是,教育事业发展不平衡、不充分问题也十分突出,主要表现为:学前教育"入园难"持续存在,义务教育阶段"择校热"长期困扰着家长,农村教育水平提高难成为教育现代化的最大短板,城镇化进程中"农民"转"市民"子女"入学难"问题依旧突出,等等。教育资源供给不足、优质资源配置不均、农村和城市教育服务均等化程度不高、现代职业教育发展不充分、高等教育在不同省份配置不均衡、社会力量参与办学不充分等因素是造成上述问题的主要原因。加大力度推进教育公平,进一步提升教育质量,是进入高质量发展阶段,推动新发展格局形成中需要加大力气、攻坚克难的方向。

(一)发展高质量的基础教育,作为基本公共服务均等化的首要任务

要将基础教育均等化作为基本公共服务均等化的首要任务来抓。基础教育是提升国民素质、提高劳动者技能的基础工程,关系到共建共治的社会治理现代化的质量。随着科学技术的加速发展,新一轮以信息技术、生物工程、人工智能为代表的技术革命蓄势待发,必将深刻地影响到社会经济生活的方方面面。有不少专家估计,未来 30 年现有的工作岗位将有近一半消失,机器不仅将替代人的体力劳动,还将越来越多地替代人的脑力劳动。同时,新

的就业机会将不断涌现，工作内容将同 20 世纪有很大的不同，会更聚焦于新技术、新方法和新体验的创新活动。为此，基础教育必须做出相应的调整，帮助未来的劳动者通过基础教育阶段的学习和成长，获得将来参与创新性工作所必须具备认知能力、沟通技能和学习能力，特别是应该提高在数字化时代的数字素养。

基础教育要加快高质量发展的顶层设计，在优质教育资源不足的情况下，单方面强调教育资源均等化的改革难以奏效。下一步应当考虑将积聚和发展优质教育资源的目标优先于均等化目标，通过加大教育投入，提高教师待遇，鼓励和规范社会办学，发展互联网网络教学等制度设计，尽快提高基础教育的平均水平。要改革基础教育的内容，增加数字化时代的数字素养的教学要求，为受教育者通过网络和数字化获得信息以及终身教育打下良好基础。

同时，可更多地运用互联网手段将优质教育向农村地区、边远地区和少数民族地区倾斜。新冠肺炎疫情期间，全国的中小学生已经尝试了远程在线学习。下一步可以通过加大远程网络教学的基础设施投入，为农村地区、边远地区和少数民族地区的学生提供网络接入、网络终端设备和优质网络课堂等，让学生能够更多地通过在线学习获得更优质地教育，缩小不同地区基础教育质量的差距。基础教育要向着校际基本无差别、校内教学有层次、教育机会均等化的目标迈进。

（二）建设有活力的现代职业教育体系，培养"大国工匠"

现代职业教育是高等教育的"半壁江山"，高素质劳动者和技术技能人才有赖于高质量的现代职业教育。习近平总书记在2018年召开的全国教育大会上提出，要推动职业院校和行业企业形成命运共同体。作为与产业经济发展密切的教育类型，职业教育需要适应现代化经济体系变革的要求，围绕先进制造业和现代服务业发展方向，按照现代生产方式和产业技术进步要求，调整专业设置和课程结构，加强"双师型"教师建设，探索现代化经济体系下的职业教育规律，重点培养掌握新技术、具备高技能和终身学习精神的高素质技术技能人才和新型服务人才。

经费是教育实现可持续发展的基础保障。2018年，全国教育经费总投入为46135亿元，国家财政性教育经费占GDP比例为4.11%。中等职业教育经费投入和高等职业教育经费投入占比不高。德国是全世界公认的发展职业教育比较成功的国家，高质量的职业教育为德国培养了一大批的高素质劳动力，成为"德国制造""工匠精神"的根本保障。探究德国职业教育的成功经验，主要就是两条：一是校企深度合作，职业教育的教学安排同企业用工的实际需求紧密结合；二是充分的职业教育资源投入。没有教育经费的投入和保障，高质量的职业教育无从谈起。事实上，职业教育需要同企业、产业、技术紧密结合，从经费需求上比通识化的高中教育和本科教育更需要资金支持。

发展有活力的现代职业教育体系，需要企业在职业教育供给中发挥更大的作用。产教融合、校企合作是提高现代职业教育水平的关键之举，是保持现代职业教育活力的源泉。长期以来，相当多的企业用工需求以低水平操作工人为主，对劳动者素质的要求不高，导致校企合作中普遍存在"学校热、企业冷"现象，企业对参与现代职业教育的热情不高。但是，随着我国产业升级的客观需要的发展，供给侧结构性改革和现代化经济体系发展的要求，企业对劳动者素质的要求也在不断提升。越来越多的企业开始探索将招聘人员的管理关口前移，也愿意为培养优秀员工提供更多的资源投入。现在的问题是要将企业的用工需求和职业学校的教学目标对接，将企业的资源投入同政府的资源投入对接，让现代职业教育真正具有活力。现代职业教育管理上的治理结构非常重要，企业在多大程度上有话语权，决定了校企合作的深度和广度。

通过定性和定量研究高技能人才供需影响因素发现：GDP、固定资产投资、高等职业学校招生数和毕业生数这4个变量均与高技能人才供给数量呈正相关，其中高等职业教育毕业生数影响程度最大。但目前我国现代职业教育体系并不完善，短板突出，尽管国家把职业教育发展的重心放到培养高层次应用型人才上来，重点发展本科层次的职业教育，开展分类教学、分类管理，推动具备条件的普通本科高校向应用型转变，但离形成中高职贯通、普职贯通的现代职业教育培养体系的目标还有很长的路要走。

（三）积极发展幼儿教育，抓住认知能力发展的第一关键期

发展心理学的研究表明，学龄前儿童在3—5岁经历着认知能力发展的第一次关键时期。幼儿教育的质量对人一生的成长具有很重要的意义。在收入差距较大的分配格局下，不同收入水平的家庭在幼儿教育上的资源投入和能力配置存在很大的差异。如果幼儿教育的责任都由家庭承担，低收入家庭的孩子在认知能力发展的第一

关键期很有可能处于不利地位。从这个意义上说，输在起跑线的现象是存在的。因此，在高质量发展阶段，积极发展公益性幼儿教育，对提高人口整体素质，保障人人有平等的发展机会，意义重大。党的十九大报告首次将"幼有所育"作为民生建设的目标之一，体现了我们党对经济社会与人口协调发展问题的高瞻远瞩及补齐幼儿教育短板的关切。

高质量的幼儿教育需要经费保障，未来将加大学前教育经费投入，特别是偏远地区和贫困山区的学前教育经费的保障。越是经济欠发达的地区，越需要高素质的人才，投资教育就是投资未来。地方政府可以通过政策和资金引导更多地社会力量进入幼儿教育领域。增加公立幼儿园数量，提高私立幼儿园进入门槛和质量标准。

（四）提高高等教育质量，造就大批高素质创新型人才

习近平总书记指出："'两个一百年'奋斗目标的实现、中华民族伟大复兴中国梦的实现，归根到底靠人才、靠教育。"在新发展格局中，创新资源包括技术、管理、数据等经济发展的关键要素，要依靠国内，打造自主可控的新的技术创新体系。通过高质量的高等教育体系培养造就大批高素质创新型人才。

"十三五"时期，我国高等教育取得长足发展，进入了普及化阶段，毛入学率达到51.6%。"上大学"不再是"鲤鱼跳龙门"，而是成了大多数青年人的人生必经阶段。但是，"上好大学"仍然是"千军万马过独木桥"，一流大学和一流学科的数量和质量还不能适应创新驱动战略、人才强国战略的客观要求。

2015 年 8 月 18 日，中央全面深化改革领导小组第十五次会议审议通过了《统筹推进世界一流大学和一流学科建设总体方案》。根据《方案》规划的发展目标，到 2030 年，若干所大学和一批学科进入世界一流大学前列。"十四五"时期，要为分类建设一流大学和一流学科开好局、起好步。坚持立德树人、突出人才培养的核心地位，着力培养具有国家使命感和社会责任心，富有创新精神和实践能力的各类创新型、应用型、复合型的优秀人才。

五、健全多层次社会保障体系

健全覆盖全民、统筹城乡、公平统一、可持续的多层次社会保障体系始终是我国社会建设的重点内容。社会保障制度是社会的安全网、经济的减震器、人民福祉的推进器。

以多层次多支柱的养老保障体系应对人口老龄化。根据 2013 年中国人类发展报告预测，到 2030 年，我国 65 岁以上的人口占全国总人口比重将提高到 18.2%。人口老龄化一方面影响养老保险制度的资金收支平衡，另一方面意味着医疗卫生支出的压力增大。"十四五"时期，我国养老保障体系在保障人群全覆盖、制度安排定型化的基础上，重点通过制度调整实现养老保障的高质量、可持续发展，尽早实现基本养老保险基金的全国统筹。目前，基本养老金在省级层面统筹，不利于劳动力市场实现国内大循环，各个地区的养老保障负担不均衡，退休人员的养老待遇差距也比较大。通过实现基本养老金全国统筹，可以推进养老保障制度并轨、扩大养老金结余部分的投资渠道、缓解人口老龄化进展较快的地区的基金支付压力，也有利于降低养老保险缴费费率，有效降低企业成本。

全面推进健康中国建设，坚持预防为主的健康事业发展方针，把保障人民健康放在优先发展的战略位置。在突如其来的新冠肺炎疫情面前，我国坚持了人民至上、生命至上的抗击疫情理念，坚持生命权优先于经济发展要求，一方面让中国成为全球疫情蔓延中的安全带；另一方面也在疫情得到有效控制的前提下，在全球率先实现经济重启，出口保持两位数增长，成为大型经济体中唯一保持经济正增长的国家。抗击疫情的成绩充分说明，国家公共卫生防护网，为人民提供全方位全周期健康服务，就是为经济社会高质量发展创造条件。

医疗保障体系是非常复杂的系统，不仅仅是筹资的问题，要依靠三个系统的协调运作，即医疗费用筹措系统（解决有钱看病的问题），医疗服务提供系统（解决有钱能看好病的问题）、药品供应系统（解决有药能治好病的问题），三者缺一不可。一是以公立医院改革为重点，系统推进医疗服务机制的改革。中国的医疗改革要走"广覆盖、低成本、可持续"的道路，就必须以较低的成本、可靠的质量满足国民的基本医疗需求。其中，公立医院改革是重中之重，直接决定了改革的成败。公立医院改革关键是要坚持医院的公益性，把关注点放在控制成本和提高服务质量上。调整医疗资源布局，加大对基层医疗机构和农村医疗机构的投入，建立不同级别医疗机构间的双向转诊。二是在筹资机制上，建立同经济发展相协调的筹资增长机制，不断减轻个人医疗负担，防止出现低收入群体"因病致贫""因病返贫"。探索解决重大疾病的资金保障机制，特别要整合社会救助资金、社会保险资金和慈善基金，加大对困难群体、弱势群体的保障。三是在药品供应机制上，推进国家组织药品和耗材集中采购使用改革，以市场化手段引导制药行业提高产业集中度，减少无序竞争、杜绝恶性竞争，让科技创新能力强、经营管理绩效好的企业不断发展壮大，以适宜的价格、高质量的产品满足人民群众对药品的需求。

总之，在高质量发展的新阶段，共建共治共享的社会建设是新发展格局的社会根基，经济高质量发展离不开现代化的社会治理体系，畅通经济发展的国内大循环也需要现代化的社会治理能力。

第十一章　构建双循环新发展格局的体制基础

　　双循环新发展格局是党中央统筹中华民族伟大复兴战略全局和百年未有之大变局、不断解放和发展社会生产力而做出的中长期战略决策，其实质是新发展阶段我国社会主义市场经济发展方式、运行机制和增长动力的系统性变革。这一变革必须处理好政府和市场关系，以社会主义制度和市场经济有机结合为前提，将市场"看不见的手"和政府"看得见的手"更好结合，更加尊重市场经济一般规律，最大限度减少政府对市场资源的直接配置和对微观经济活动的直接干预，充分发挥市场在资源配置中的决定性作用，同时也要更好发挥政府作用，有效弥补市场失灵，实现发展的系统性最优。因此，党的十九届五中全会进一步强调指出，要推动有效市场和有为政府更好结合。这是党在新时代科学把握政府与市场关系、充分发挥社会主义制度优势的深刻体现，也表明了"十四五"时期乃至更长历史时期，深化社会主义经济体制和行政体制改革的明确目标和实践方向。

一、完善社会主义市场经济体制需要有为政府和有效市场更好结合

完善社会主义市场经济机制是当前阶段我国优化资源配置、实现高质量发展的必由之路。市场经济机制是政府、企业、居民等主体协同作用下的有机整体。本质上，市场经济是市场决定资源配置的经济。但理论和实践证明，市场具有一定的盲目性，存在失灵现象。正因为市场失灵的存在，才需要政府参与宏观经济治理，矫正扭曲的市场机制。不过，政府也不是万能的，具有很大的限制性，不可能对市场进行完全替代。因此，市场和政府二者相伴共生、缺一不可，只有更好结合才能实现资源配置的最优状态，不断解决发展中的不平衡不充分问题，满足人民对美好生活的追求。

（一）有效市场

社会主义市场经济是在生产、消费、交换和分配的继起与循环中，不断实现资源优化配置、满足人民群众对美好生活追求这一社会主义生产目的。生产、消费、交换和分配的继起与循环依赖于有效的市场机制。有效的市场机制通过生产要素、商品和服务的价格波动、市场主体对利益的追求与竞争、市场供求的变化，调整市场主体的投入产出、市场交易、价值分配和消费满足等行为，推动社会生产效率不断提高，进而实现资源的持续性优化配置。

有效的价格机制。价格机制是指价格围绕商品价值波动而自动

调节供给和需求，使之达到市场均衡的机理与功能。价格机制的调节作用具有自发性、基础性和广泛性，就像一只"看不见的手"一样在指挥着市场经济的运行，驱动着每个市场主体的活动。在价值规律的作用下，商品价值不变时，供给和需求相互作用决定价格。供给减少或需求增加，价格都会上升；供给增加或需求减少，价格都会下降。反之，价格升降也使供给与需求发生变化，价格上升供给增加、需求减少。价格下降供给减少、需求增加。正是在这一机制中，市场达到相对均衡的出清状态，实现资源的有效配置。价格机制之所以能够调节资源配置推动经济发展，其前提条件是市场主体之间能够自由竞争，各种生产要素能够自由流动，每个市场主体都能独立自主和理性决策。作为市场经济的基础机制，价格机制如果低效或者无效，就使得投入产出的产业链、供应链和价值链出现中断风险。为此，需要政府采取有效措施，通过制度创新以确保其有效发挥作用的各种前提条件能够确立。

有效的竞争机制。市场竞争机制是价值规律、供需规律下市场交易主体彼此之间基于各自利益认知而形成的资源配置抉择机制，对市场主体来说，属于外在强制性力量。这正如马克思强调的，"社会分工则使独立的商品生产者互相对立，他们不承认任何别的权威，只承认竞争的权威，只承认他们互相利益的压力加在他们身上的强制，正如在动物界中一切反对一切的战争多少是一切物种的生存条件一样"。竞争机制有效，必须有一定数量的能够独立决策的市场主体存在。如果因为垄断等因素，市场高度集中，甚至形成了一家独大的状态，竞争就严重不足，时间长了就会降低资源配置效率。同时，有效的竞争机制，还必须确保竞争主体具有充分的信息保障，能够依据相对对称的信息而独立作出决策。

有效的供求机制。供求机制指通过商品和服务的供给量与需求量的矛盾运动来影响生产要素的组合的市场机制，即在一定的价格条件下，市场主体愿意向市场提供商品、购买者有能力且愿意购买的机制。供求机制，是通过供需关系中平衡与不平衡的运动变化实现调节功能的。当商品和服务求大于供时，就会导致市场价格上涨，从而产生其他条件不变下的买方竞争；当供大于求时，就会导致市场价格下跌，产生卖方竞争；当供求一致时，价格均衡，竞争维持稳定不变。正是通过基于竞争和价格机制的协同作用，供求能够带来生产要素、产品和服务的不同价值实现状态，从而调整生产要素的配置范围和周期。有效的供求机制除了要有有效的价格机制和竞争机制之外，还必须具有统一的大市场、畅通的物流体系等条件。

有效市场是有效价格、竞争和供求机制的有机整体。市场主体以有效的价格机制为基础，对市场各种要素进行信息甄别，形成对商品和服务的价值参照，并通过有效的竞争机制对稀缺性资源进行竞争，从而推动资源在生产、消费、交换和分配各环节合理摆布，实现最优配置。因此，有效市场是一定条件下，资源配置的决定性机制。社会主义市场经济中，一方面，有效市场机制本身的运行是规范、公平的，市场交易费用低于其他社会形态下的市场机制；另一方面，附着在市场机制基础之上的社会其他管理规范，与市场机制合理分工、相辅相成、有机结合，市场交易成本与社会管理成本实现边际相等，使得社会竞争与协作机制有机统一。

（二）有为政府

政府作为全体人民利益的代表，是发挥公共管理职能，推动国家治理体系和治理能力现代化的关键主体。政府要在确保领土安全的基础上，适应发展环境变化，遵循发展客观规律，推动国家治理体系不断优化，弥补市场失灵，激发市场活力，确保经济社会长期可持续发展。对中国而言，在中国特色社会主义制度下，在推进国家治理体系和治理能力现代化进程中，有为政府是在中国共产党的领导下，统筹中华民族伟大复兴战略全局和百年未有之大变局，把方向、谋大局、定政策、促改革，通过不断优化结构、转变职能、创新机制，协同高效地为人民服务，推动建设有效市场和高质量发展，深入推进全面建成社会主义现代化国家进程的法治政府。

（三）有效市场和有为政府必须更好结合

有效市场和有为政府更好结合，其实质是高质量地处理好政府与市场的关系。从这个意义上讲，改革开放40多年的过程，实际上是我国政府职能与市场经济体制要求相适应的过程，是政府和市场关系适配完善的过程，这也是马克思主义关于经济基础和上层建筑辩证关系的具体体现。党的十一届三中全会后，打破单一计划经济体制，以扩大市场调节为方向进行改革，虽然市场调节的范围有限，但效果非常明显，市场带活了经济，经济效率明显提高。党的十四大明确经济体制改革的目标是建立社会主义市场经济体制，提出市场在国家的宏观调控下对资源配置起基础性作用。政府职能也从偏重运用行政手段直接管理经济活动，转向以更加科学的宏观调控手段相机抉择，以经济手段为主，综合运用法律手段和行政手段调控国民经济。到党的十八大之后，我们将政府和市场关系进一步理顺。党的十八大提出："更大程度更广范围发挥市场在资源配置中的基础性作用"；党的十八届三中全会明确提出，"经济体制改革是全面深化改革的重点，核心问题是处理好政府和市场的关系，使市场在资源配置中起决定性作用和更好发挥政府作用"。在此基础上，以推进国家治理体系和治理能力现代化为前提，党的十九大提出了构建系统完备、科学规范、运行有效的制度体系的要求，政府和市场关系进入了制度化体系建设的阶段，其基本要求就是确保市场机制有效、微观主体有活力、宏观调控有度。

当前，中国特色社会主义进入了新时代。人民群众日益增长的美好的需要和不平衡不充分的发展之间的矛盾，已经成为社会主要矛盾，经济已由高速增长阶段转向高质量发展的新阶段。与这些新形势新要求相比，尽管经过20多年实践，我国社会主义市场经济体制已经初步建立，但仍存在不少问题，主要是：市场秩序不规范，以不正当手段谋取经济利益的现象仍然存在；生产要素市场发展滞后，要素闲置和大量有效需求得不到满足并存；市场规则不统一，部门保护主义和地方保护主义依然存在；市场竞争不充分，阻碍优胜劣汰和结构调整；等等。这些问题不解决好，完善的社会主义市场经济体制是难以形成的，难以支撑高质量发展的制度需要。

为此，必须不断进行社会主义市场经济改革，其核心问题就是处理好政府和市场的关系，使市场在资源配置中起决定性作用，更好发挥政府作用，避免市场失灵和政府有限的负向叠加。习近平总书记强调，"在社会主义条件下发展市场经济，是我们党的一个伟大创举。我国经济发展获得巨大成功的一个关键因素，就是我们既发挥了市场经济的长处，又发挥了社会主义制度的优越性"。"要坚持辩证法、两点论，继续在社会主义基本制度与市场经济的结合上下功夫，把两方面优势都发挥好，既要'有效的市场'，也要'有为的政府'，努力在实践中破解这道经济学上的世界性难题。"为此，必须借鉴历史经验和教训，一方面，尊重市场运行的基本规律，包括尊重价值规律和供求规律，促进社会主义市场经济体制的不断完善，发挥市场这一"看不见的手"在资源配置中的决定性作用。另一方面，进一步提升政府"看得见的手"在弥补市场配置资源不足进程中的能力，为市场参与者提供平等竞争的法治市场环境，如深化商事制度改革，创新政府管理方式，放宽和规范市场准入，精简和优化行政审批，降低或取消通关环节费用，推进投资创业便利化，营造有利于创业创新的良好发展环境，加快构建亲清新型政商关系，营造"有求必应、无事不扰"的和谐氛围，以弥补市场失灵的缺陷。

但有效市场和有为政府的更好融合必须是从经济发展的总体来讲的，不是单一领域单一产业单一事项上的融合，而是从实际出发，以马克思主义辩证法和认识论为指导，在中国特色社会主义伟大事业全局上的深度融合。这正如习近平总书记强调的一样："市场起决定性作用，是从总体上讲的，不能盲目绝对讲市场起决定性作用，而是既要使市场在配置资源中起决定性作用，又要更好发挥政府作用。有的领域如国防建设，就是政府起决定性作用。一些带有战略性的能源资源，政府要牢牢掌控，但可以通过市场机制去做。"

二、双循环新发展格局离不开有效市场和有为政府更好结合

党的十九届五中全会强调指出，当今世界正经历百年未有之大变局，我国发展仍然处于重要战略机遇期，但机遇和挑战都有新的发展变化。我们遇到的诸多问题是中长期的，不少问题以前未曾经历。而以国内循环为主体，国际国内双循环新发展格局，就是以习近平同志为核心的党中央根据我国新发展阶段、新历史任务、新环境条件作出的重大战略决策。这是"适应我国经济发展阶段变化的主动选择，是应对错综复杂的国际环境变化的战略举措，是发挥我国超大规模经济体优势的内在要求"。

双循环新发展格局中，国内循环为基础，国际循环为延伸，国内大循环为国内国际双循环提供坚实基础，两者是辩证统一的有机战略整体。"构建新发展格局，关键在于实现经济循环流转和产业关联畅通。根本要求是提升供给体系的创新力。"因此，必须充分发挥我国改革创新精神，坚持系统观念，推动全面深化改革，将有效市场和有机政府更好结合，充分发挥"看不见的手""看得见的手"的整体性效能，建立多元有效的激励机制，完善充满活力的市场主体结构，营造鼓励创新的制度体系，破除阻碍国内大循环和国内国际双循环畅通的观念、行为和制度定势，扫除生产要素市场化配置和商品服务流通的利益羁绊和体制机制障碍，优化形成高效规范、公平竞争、充分开放的国内统一大市场，打造高标准的市场化、法治化和国际化营商环境，进一步降低交易成本，构建新时代高水平社会主义市场经济体制，促进更高质量、更有效率、更加公平、更可持续的发展。

（一）双循环新发展格局需要有效市场和有为政府结合解决创新发展的"卡脖子"问题

加快科技自立自强是畅通国内大循环、塑造我国在国际大循环中主动地位的关键举措。这就需要不断强化政府职能转变，完善知识产权保护制度，建立新型举国科技体制，提升国家战略科技力量，创造有利于发扬科学家精神和大胆探索和合理质疑的创新氛围，改革教育体制机制，提升人力资本投入，推动基础研究和原始创新，强化企业创新主体地位，集中力量打好关键核心技术攻坚战，锻造产业链供应链长板，补齐产业链供应链短板。同时，要充分发挥市场作用，健全市场导向的创新成果受益方式，推动科学发现、技术创新和市场转化的价值链，吸引更多人才和企业积极参与创新活动。

（二）双循环新发展格局需要有效市场和有为政府结合以解决供需失配问题

双循环新发展格局离不开供给创造需求，需求引领供给的良性循环。因此，要更好结合有效市场和有为政府，为企业家捕捉新需求、发展新技术、研发新产品、创造新模式提供良好环境，进而提升企业核心竞争力，进一步优化国民经济循环的供给结构，改善供给质量。同时完善扩大内需的政策支撑体系，加快培育完整内需进程，增强消费对经济发展的基础性作用，全面促进消费，提升传统消费，培育新型消费，发展服务消费。

（三）双循环新发展格局需要有效市场和有为政府结合以健全现代流通体系

双循环新发展格局离不开实体经济健康发展的支撑。因此，需要充分发挥政府和市场的结合力量，以服务实体经济为方向，对金融体系进行结构性调整，完善金融支持创新的政策，发挥资本市场对于推动科技、资本和实体经济高水平循环的枢纽作用，在确保系统性风险不发生的前提下，进一步提升金融科技水平，引导互联网平台企业健康发展，发展现代物流体系，健全要素市场运行机制，降低市场交易成本。

（四）双循环新发展格局需要有效市场和有为政府结合以统筹安全和发展

双循环新发展格局必须统筹安全和发展。安全和发展，犹如鸟之两翼、车之双轮，任何时候都不能偏废。一方面安全是发展的前提，没有安全就没有稳定连续的发展；另一方面发展是安全的保障，没有发展就没有保障安全的条件。为此，需要从国家总体安全观出发，通过有效市场和有为政府的合力作用，引导市场主体以世界眼光和国家战略相统一的大格局，推动各个产业链的补链、强链、延链，进一步提升我国产业链、供应链、价值链和生态链的完整性和安全性，确保高质量发展的可持续性。

（五）双循环新发展格局需要有效市场和有为政府结合以实现协调发展

双循环新发展格局依赖于区域和群体的协调发展，没有区域和群体发展的协调，发展的可持续基础难以保障。这就要求有效市场和有为政府更好结合，首先要健全区域战略统筹、市场一体化发展等机制，优化区域分工，深化区域合作，更好促进发达地区和欠发达地区、城乡不同地域的协调发展，进一步均衡全国统一市场，确保全国市场优势的区域互补协同。其次要通过发挥中心城市和城市群带动作用，实施区域重大战略，建设现代化都市圈，形成一批新增长极，统筹城乡发展规划，全面实施乡村振兴战略；要推动城乡要素平等交换、双向流动，增强农业农村发展活力。最后要坚持经济发展就业导向，促进更充分就业，扩大中等收入群体，推动形成强大国内市场、拉动结构升级。

三、有为政府和有效市场更好结合的实现路径

双循环新发展格局下有为政府和有效市场的更好结合是一个系统工程，需要以"观大势、谋全局、干实事"为认识前提，从市场和政府关系所涉及的系统—要素、结构—功能等逻辑关系出发，在判断国内外经济社会发展大趋势的基础上，以高质量发展为主题，以供给侧结构性改革为主线，以改革创新为根本动力，以满足人民日益增长的美好生活需要为根本目的，坚持系统观念，巩固拓展疫

情防控和经济社会发展成果，更好统筹发展和安全，借鉴国内外发展的经验教训，创新机制探索实现路径。

（一）消除"政府万能"或"市场万能"等错误思维定势

自斯密的《国富论》发表之后，西方经济学一直坚持"市场万能"、政府"守夜人"等观念。尽管 20 世纪二三十年代的大萧条催生了宏观经济学，为政府作为找到理论依据，但其对于政府作用的定位依旧是短期的，是临时性的补充作用。尤其是 20 世纪 80 年代现代自由主义的回归，让市场万能的认识再一次成为主流认知。同时，在社会主义国家，因为对社会主义本质认识的曲曲折折，尤其是受苏联斯大林模式的影响，很多人认为政府是万能的。在我国的改革开放中，关于市场和计划的本质、市场和政府关系、国进民退与民进国退等方面的争论可以看出，市场和政府的关系一直在认识论层面并没有完全融通。

无论"市场万能"还是"政府万能"，都割裂了二者实然的辩证统一关系。因此，按照马克思主义唯物辩证法，市场和政府作为人类经济社会发展的两种组织形式，其各有存在的独立性，但又有辩证协同的要求，是相互作用、相互制约的对立统一体，不是非此即彼的简单对立。因此，有效市场和有为政府的更好结合，需要从破除以上的错误认识开始，只有从主观上彻底去除了"市场万能"或者"政府万能"的认知定势，才能推动全社会在双循环新发展格局中更加自觉地审视二者的合理关系、研究二者更好结合的路径和方法。

（二）明确界定政府作用的边界，构建职责明确、依法行政的政府治理体系

市场和政府的关系实际是资源配置主体的矛盾关系。在这一对矛盾关系中，市场因其主体的广泛性、自觉性和可持续性，属于矛盾的主要方面，因而在资源配置中具有决定作用，决定着资源配置主体关系的基本性质、发展方向；政府适应于市场发展需要，属于矛盾的次要方面，但又具有独特作用和反作用。因此，明晰市场规律及其资源配置制约因素，明确政府行为边界，找准政府和市场相互作用、相互补位、协调配合的结合点，实现有效市场和有为政府的协调统一，就是有效市场和有为政府的逻辑基点。从这一逻辑出发，更好发挥政府作用，不是要更多发挥政府作用，而是要在保证市场发挥决定性作用的前提下，管好那些市场管不了或管不好的事情。

在双循环新发展格局中，政府首先要解决破除市场碎片化不统一的问题。通过体制机制改革，进一步突破地域、行业、区域、层级等限制，按照生产要素自由流动的基本要求，以打造统一大市场为前提，推动资源配置整体效率的可持续性提升。市场能解决的问题、能有效配置的资源，政府必须松绑支持、不要干预；市场不能解决的问题、无效或者低效的配置，政府必须果断出手、主动作为，该放的放到位，该管的管到位。尤其要注意的是，由于行为逻辑和市场逻辑的差异，必须加快转变政府职能，减少直接配置资源的冲动行为，并按照市场的自主规律，适应企业反应的基本特征，建立多方合意的现代化信息监测体系，通过信息发布、行为提示等方式引导市场自主纠偏。为此，要按照党的十九大、十九届四

中和五中全会精神，坚持政府为人民服务、对人民负责、受人民监督要求，创新行政方式，提高行政效能，建设人民满意的服务型政府。一是通过完善国家行政体制，优化行政决策、行政执行、行政组织、行政监督体制。健全部门协调配合机制，防止政出多门、政策效应相互抵消。深化行政执法体制改革，最大限度减少不必要的行政执法事项。进一步整合行政执法队伍，实行跨领域跨部门综合执法模式。创新行政管理和服务方式，加快推进全国一体化政务服务平台建设，健全强有力的行政执行系统，提高政府执行力和公信力。二是健全以国家发展规划为战略导向，以财政政策和货币政策为主要手段，就业、产业、投资、消费、区域等政策协同发力的宏观调控制度体系，完善国家重大发展战略和中长期经济社会发展规划制度。三是完善政府经济调节、市场监管、社会管理、公共服务、生态环境保护等职能，创新和完善宏观调控，进一步提高宏观经济治理能力。四是优化央地关系，建立起发挥中央和地方两个积极性的体制机制。

（三）保障市场公平竞争，增强微观主体活力

公平是可持续效率的保障，是微观主体保持活力的必要条件，是有效市场发挥作用第一要件。为此，要建设高标准市场体系，全面完善产权、市场准入、公平竞争等制度，筑牢社会主义市场经济有效运行的体制基础。一是全面完善产权制度。健全归属清晰、权责明确、保护严格、流转顺畅的现代产权制度，加强产权激励。完善以管资本为主的经营性国有资产产权管理制度，加快转变国资监

管机构职能和履职方式。深化农村集体产权制度改革，完善产权权能。完善和细化知识产权创造、运用、交易、保护制度规则，加快建立知识产权侵权惩罚性赔偿制度，加强企业商业秘密保护，完善新领域新业态知识产权保护制度。二是全面实施市场准入负面清单制度，建立市场准入负面清单动态调整机制和第三方评估机制，定期评估、排查、清理各类显性和隐性壁垒，推动"非禁即入"普遍落实。全面落实公平竞争审查制度，加强和改进反垄断和反不正当竞争执法，加大执法力度，提高违法成本。培育和弘扬公平竞争文化，进一步营造公平竞争的社会环境。三是毫不动摇巩固和发展公有制经济，毫不动摇鼓励、支持、引导非公有制经济发展，探索公有制多种实现形式，支持民营企业改革发展，培育更多充满活力的市场主体。健全支持民营经济、外商投资企业发展的市场、政策、法治和社会环境，进一步激发活力和创造力。在要素获取、准入许可、经营运行、政府采购和招投标等方面对各类所有制企业平等对待，破除制约市场竞争的各类障碍和隐性壁垒，营造各种所有制主体依法平等使用资源要素、公开公平公正参与竞争、同等受到法律保护的市场环境。

（四）完善要素市场化配置体制机制，激发全社会创造力和市场活力

要素市场化配置是双循环新发展格局的基础设施，只有建设起来统一开放、竞争有序的市场体系，才能实现要素价格市场决定、流动自主有序、配置高效公平的有效市场体系。一是建立健全统一开放的要素市场，畅通要素流动渠道，保障不同市场主体平等获取

生产要素，推动要素配置依据市场规则、市场价格、市场竞争实现效益最大化和效率最优化。这其中尤其是要因应于数字经济发展需要，加快培育发展数据要素市场，建立数据资源清单管理机制，完善数据权属界定、开放共享、交易流通等标准和措施，发挥社会数据资源价值，在依法保护个人信息前提下加强数据有序共享。二是健全主要由市场决定价格的机制，最大限度地减少政府对价格形成的不当干预。价格合理形成。三是创新要素市场化配置方式，推进商品和服务市场提质增效。推进商品市场创新发展，完善市场运行和监管规则，全面推进重要产品信息化追溯体系建设，建立打击假冒伪劣商品长效机制。构建优势互补、协作配套的现代服务市场体系。深化流通体制改革，加强全链条标准体系建设，发展"互联网＋流通"，降低全社会物流成本。

（五）畅通国内大循环，促进国内国际双循环

人财物的空间交流是双循环新发展格局的基本前提。为此，一是要在国内市场贯通生产、分配、流通、消费各环节，打破行业垄断和地方保护，形成国民经济良性循环。提升供给体系对国内需求的适配性，实现上下游、产供销有效衔接，促进农业、制造业、服务业、能源资源等产业门类关系协调。构建现代物流体系，降低全社会交易成本。完善扩大内需的政策支撑体系，形成需求牵引供给、供给创造需求的更高水平动态平衡。二是要立足国内大循环，发挥比较优势，协同推进强大国内市场和贸易强国建设，以国内大循环吸引全球资源要素，充分利用国内国际两个市场两种资源，积极促进内

需和外需、进口和出口、引进外资和对外投资协调发展，促进国际收支基本平衡。完善内外贸一体化调控体系，促进内外贸法律法规、监管体制、经营资质、质量标准、检验检疫、认证认可等相衔接，推进同线同标同质。三是增强消费对经济发展的基础性作用，顺应消费升级趋势，提升传统消费，培育新型消费，适当增加公共消费。

（六）坚持和加强党的全面领导，确保改革举措有效实施

双循环新发展格局是新阶段我们国家发展的战略安排，必须以改革为动力，在继承与创新中久久为功。这就必须以中国特色社会主义制度优势为基础，更好发挥党总揽全局、协调各方的领导核心作用，把党领导经济工作的制度优势转化为治理效能，强化改革落地见效，推动经济体制改革不断走深走实。一是要坚持和加强党的领导。进一步增强"四个意识"、坚定"四个自信"、做到"两个维护"，从战略和全局高度深刻认识双循环新发展格局的重大意义，把构建新发展格局的全领域全过程，新发展格局正确方向构建。二是完善改革激励机制。健全新发展格局构建过程中的正向激励体系，强化敢于担当、攻坚克难的用人导向，注重在改革一线考察识别干部，把那些具有改革创新意识、勇于改革、善谋改革的干部用起来。以"三个区分开来"为原则，建立健全改革容错纠错机制，正确把握干部在改革创新中出现失误错误的性质和影响，切实保护干部干事创业的积极性。加强对改革典型案例、改革成效的总结推广和宣传报道，按规定给予表彰激励，为构建双循环新发展格局创造良好舆论环境和社会氛围。

后 记

构建以国内大循环为主体、国内国际双循环相互促进的新发展格局，是党中央根据我国发展阶段、发展环境、发展条件变化作出的战略决策，是事关全局的系统性深层次变革。为了深入学习贯彻十九届五中全会精神，积极推动构建新发展格局，中央党校（国家行政学院）经济学部组织编写了本书。全书紧紧围绕如何构建新发展格局，从战略抉择、逻辑内涵、战略内涵、战略支撑、战略拉力、战略支点、动力源、新优势、空间新布局、社会根基、体制基础等 11 个方面，进行了深入分析和探讨。

参与本书写作的教授主要来自中央党校（国家行政学院）经济学部。他们在完成本职工作之余，承担了相关研究任务。具体分工如下：

第一章：韩保江，中央党校（国家行政学院）经济学部主任、教授；

第二章：曹立，中央党校（国家行政学院）经济学部副主任、教授；

第三章：高惺惟，中央党校（国家行政学院）经济学部副教授；

第四章：陈宇学，中央党校（国家行政学院）经济学部教授；

第五章：郭兆辉，中央党校（国家行政学院）社会和生态文明教研部副教授；

第六章：邹一南，中央党校（国家行政学院）经济学部副教授；

第七章：杨振，中央党校（国家行政学院）经济学部教授；

第八章：李江涛，中央党校（国家行政学院）公共管理部副主任、教授；

第九章：汪彬，中央党校（国家行政学院）经济学部副教授；

第十章：李蕾，中央党校（国家行政学院）经济学部教授；

第十一章：阎荣舟，中央党校（国家行政学院）经济学部副研究员。

由于本书研究涵盖内容广泛，加之时间有限，最终的成果可能存在些许不足之处，期待以后修改完善。欢迎大家提出宝贵意见。

中央党校（国家行政学院）经济学部

2021 年 2 月

责任编辑：余　平
装帧设计：汪　莹
责任校对：白　玥

图书在版编目（CIP）数据

如何构建新发展格局：中央党校教授与你谈／中央党校（国家行政学院）
　　经济学部　著 . — 北京：人民出版社，2021.6
　ISBN 978－7－01－023457－1

　I.①如…　II.①中…　III.①中国经济－经济发展－研究　IV.① F124

中国版本图书馆 CIP 数据核字（2021）第 105214 号

如何构建新发展格局

RUHE GOUJIAN XINFAZHAN GEJU

——中央党校教授与你谈

中央党校（国家行政学院）经济学部　著

人民出版社 出版发行

（100706　北京市东城区隆福寺街 99 号）

中煤（北京）印务有限公司印刷　新华书店经销

2021 年 6 月第 1 版　2021 年 6 月北京第 1 次印刷
开本：710 毫米 ×1000 毫米 1/16　印张：12.25
字数：135 千字

ISBN 978－7－01－023457－1　定价：38.00 元

邮购地址 100706　北京市东城区隆福寺街 99 号
人民东方图书销售中心　电话（010）65250042　65289539